Franziska Dürr Reinhard (Hg.)
im Auftrag des Migros-Kulturprozent

www.generationen-im-museum.ch

«GiM – Generationen im Museum» ist ein Projekt
des Migros-Kulturprozent.

auf Augen höhe

GiM
Generationen
im Museum

Auf Augenhöhe **ist das Buch zum Projekt «GiM – Generationen im Museum». Fachleute vertiefen die Themenfelder Generationen, Museen, Vermittlung. Im Fokus stehen Geschichten aus 31 Museen, welche die Gäste zu Museumsobjekten erfunden und erzählt haben. Schliesslich stellen KulturvermittlerInnen ihre eigene Projekte vor und reflektieren das Thema der intergenerativen Museumsarbeit.**

Inhalt

Willkommen

Ein Museumsbesuch der anderen Art. Am Anfang noch fremd, am Ende Gast. Eine Geschichte erfinden, sich selbst überraschen und jemand anderen dabei neu kennenlernen. Dafür steht «GiM – Generationen im Museum».

Mit diesem Projekt hat die Direktion Kultur und Soziales des Migros-Genossenschafts-Bundes 2013 Neuland betreten. Die generationenverbindende Arbeit aus der Abteilung Soziales ist auf die Kulturvermittlung in Museen gestossen. Warum nicht Menschen unterschiedlicher Generationen einmal im Museum zusammenführen? Sie einladen und dort in den gegenseitigen Austausch bringen? Angeleitet und begleitet von der Vermittlung des jeweiligen Museums.

Das Migros-Kulturprozent ist ein freiwilliges Engagement der Migros in den Bereichen Kultur, Gesellschaft, Bildung, Freizeit und Wirtschaft. Mit seinen Projekten ermöglicht es der breiten Bevölkerung Zugang zu kulturellen und sozialen Leistungen. Mit GiM sollen Museen als Orte für einen Generationendialog ins Licht gerückt werden. Sie sind ideale Gastgeber – die wertvollen Ausstellungsobjekte als verbindendes Element, ohne richtig oder falsch, der Kreativität freien Lauf lassend.

«GiM – Generationen im Museum» stiess von Anfang an auf reges Interesse. 31 Museen, über die ganze Schweiz verteilt, haben während der Pilotphase mitgemacht. Sowohl kleine als auch grosse. Über 400 Gäste nahmen teil und haben gemeinsam 150 Geschichten erfunden. Wir freuen uns über den gelungenen Start. Und: Ich danke allen, die mit Engagement, Neugier und Leidenschaft dabei waren, gemeinsam das Neuland zu entdecken.

Mit dem Buch «Auf Augenhöhe» bieten wir Einblick in die Projektarbeit. Die erfundenen Geschichten der Museumsgäste sind im Kernteil dargestellt. 31 Museen laden ein, sich einen Eindruck von ihrer GiM-Veranstaltung zu machen. Vorweg liefern Fachartikel Denk- und Diskussionsgrundlagen aus den Bereichen Generationen und Museum. Reflexionen aus der Praxis bieten einen Blick hinter die Kulissen der interdisziplinären Arbeit. Alle Fotos stammen aus dem Projekt. Und wo Worte an ihre Grenzen kommen, führen Bilder weiter.

Über allem steht die Frage: Welche Rolle können und wollen Museen einnehmen, um aktuelle gesellschaftliche Entwicklungen aufzunehmen? Mit ihren Schätzen lassen sie die Bevölkerung an unserem Kulturgut teilhaben. Gibt es auch eine Verantwortung, mit der sie selbst an dem teilhaben, was die Bevölkerung bewegt? Wir sehen ein grosses Potenzial für Museen, sich gesellschaftspolitisch einzubringen – und dabei selbst vom Echo der Veranstaltungen zu profitieren. Mit «GiM – Generationen im Museum» haben wir einen ersten Schritt in diese Richtung getan. Ich wünsche Ihnen Inspiration und Freude bei der Lektüre und danke für Ihr Interesse!

Hedy Graber
Leiterin der Direktion Kultur und Soziales, Migros-Genossenschafts-Bund

An eine Kaffeeparty in St. Gallen wurden 50 Gäste eingeladen, die aber nicht erschienen. Die Organisatoren waren sehr enttäuscht. Aus Wut spritzten sie

den Kaffee an
die Wand.
Danach schauten
sie sich die Wand
genauer an
und bemerkten …

Die Kaffeeparty.
Erzählt von Daniel, 14 Jahre, und Oliver, 33 Jahre.
Fortsetzung auf Seite 98

Fachleute blicken auf das Thema Generationen, Museen und Vermittlung. Sie vertiefen intergenerationelle Aspekte in ihren Texten. Sie teilen ihr Wissen und skizzieren mögliche Wege des Wandels. Sie schaffen eine Denk- und Diskussionsgrundlage und geben Interessierten gehaltvolle Argumente in die Hand.

Wir haben ein soziales Projekt in einen kulturellen Bereich integriert: Dafür steht GiM.

Jessica Schnelle, Zürich

Fenster in eine andere Lebenswelt

«GiM – Generationen im Museum» fördert Begegnungen von Menschen unterschiedlicher Generationen in Museen mit Fachtagungen sowie konkreter Unterstützung von Projekten. GiM entstand durch interdisziplinären Austausch, Vernetzung, Pionier- und Erfindungsgeist und basiert auf der langjährigen Erfahrung des Fachbereichs Generationen des Migros-Kulturprozent.

«Menschen treffen, denen man sonst nicht begegnen würde: weil man sie nicht kennt, weil sie anders leben, weil sie zu einer anderen Generation gehören. Mit anderen Menschen an ungewohnten Orten ins Gespräch kommen: So wird das Leben reicher. Und das Leben der anderen auch.» Wer sollte sich von diesen Zeilen des ersten Projektflyers angesprochen fühlen? All jene, die Lust hatten, eine solche Veranstaltung in ihrem Museum anzubieten. Und natürlich all jene, die sich im Museum neugierig auf eine neue Veranstaltung einlassen möchten. Das Projekt «GiM – Generationen im Museum» richtete sich somit an zwei Zielgruppen: die unmittelbar angesprochenen VermittlerInnen und die nur indirekt zu erreichenden MuseumsbesucherInnen.

Viele Museen bieten bereits Veranstaltungen für Familien und/oder Grosseltern und Enkelkinder an. Für GiM gingen wir allerdings von einem anderen Generationenbegriff aus. Gemeint waren nicht die Generationen innerhalb der Familie, sondern Menschen, die zu unterschiedlichen Zeiten geboren und von unterschiedlichen Geschehnissen geprägt worden sind. Menschen, die sich aufgrund ihres Alters und ihrer Sozialisation mit unterschiedlichen Alltagsfragen auseinandersetzen und Ereignisse ganz anders erleben und interpretieren. Zum Beispiel der 11-jährige Tom und seine 37-jährige Nachbarin Elisa oder die 55-jährige Karin und ihre 32-jährige Arbeitskollegin Isabella. Gesucht waren also Menschen, die mindestens 15 Jahre älter oder jünger und nicht direkt miteinander verwandt sind. Sie erhielten im Museum eine Aufgabe: Auf einem Streifzug durch das Museum sollten sie sich ein Ausstellungsobjekt aussuchen und dazu eine Geschichte erfinden. Durch das Auswählen der Objekte und das Erfinden von Geschichten, das Zuhören und vielleicht

Nachfragen ergibt sich eine Gesprächssituation zwischen den Generationen, die einen Einblick in die jeweils andere Lebenswelt ermöglicht. Partnerschaftliche Generationenbegegnungen, die einen reziproken Austausch ermöglichen, sind notwendig, um fremde Lebenswelten überhaupt wahrzunehmen, sich für sie zu interessieren und so ein kollektives Bewusstsein zu entwickeln.

Um die Förderung dieses Bewusstseins geht es dem Träger des Projekts, dem Fachbereich Generationen des Migros-Kulturprozent, der seine Projekte auf die Gestaltung von Generationenbeziehungen ausrichtet. Mit «GiM – Generationen im Museum» haben wir ein soziales Projekt in einen kulturellen Bereich integriert. Das kreative Potenzial, das von dem Setting ausgeht, erschien uns hervorragend geeignet, um die Generationenbegegnungen zu gestalten.

Aufeinander angewiesen

In den letzten Jahren hat sich die Bevölkerungsstruktur in der Schweiz stark verändert. Bezogen auf das Alter ist die Lebenserwartung gestiegen, es leben mehr Generationen gleichzeitig, und die junge Generation ist im Vergleich zu früher unterrepräsentiert. Für die Schweiz ist heute ein Altersaufbau typisch, bei dem die Babyboomer-Generation dominiert. Ihr gegenüber stehen eine schwächer besetzte Jugendgeneration und eine wachsende Zahl älterer Menschen (Bundesamt für Statistik, 2014). Diese Entwicklung fordert viele gesellschaftliche Bereiche mit neuen Fragen heraus. Wie und von wem werden im Gesundheitswesen die steigenden Pflegeleistungen übernommen? Wie können in der Arbeitswelt Wissen und Erfahrung der langsam ausscheidenden Babyboomer gesichert bzw. Kompetenzen der «neuen Alten» in der Gesellschaft genutzt werden? Die unterschiedlichen Generationen werden bei der Beantwortung dieser Fragen individuell wie auch kollektiv aufeinander angewiesen sein. Die menschliche Fähigkeit, um das Gegenseitig-aufeinander-angewiesen-Sein der Generationen zu wissen und diese im eigenen Handeln bedenken zu können, wird als Generativität[1] bezeichnet. Für das gemeinschaftlich-gesellschaftliche Zusammenleben ist diese individuelle Fähigkeit sehr wichtig, da es in der Schweiz bis zum heutigen Zeitpunkt keine programmatische Generationenpolitik gibt, die Generationenbeziehungen aktiv gestaltet.

Projekte, in denen Menschen unterschiedlicher Generationen Gelegenheit für einen Austausch erhalten, sind ein praktischer Bereich der Generationenpolitik. Durch sie kann das Interesse an einem Menschen, der sich in einer ganz anderen Lebenswelt befindet, geweckt und können somit Stereotypen abgebaut werden. Die aufeinandertreffende Vielfalt generiert neue Impulse, aus denen wertvolles Neues entstehen kann. Somit fördern Generationenprojekte nicht nur die individuelle Generativität, sondern bewirken manchmal sogar Innovationen, mit denen ein neu entstandener gesellschaftlicher Bedarf abgedeckt

---

1 Lüscher K., Hoff, A., Lamuri, G. & Renzi, M., Sanchez, M., Viry, G. & Widmer, E. (2014). Generationen, Generationenbeziehungen, Generationenpolitik.

wird (zum Beispiel in gemeinsamen Wohnprojekten). In der Schweiz ist das Migros-Kulturprozent für Generationenprojekte ein wichtiger Akteur. Der Fachbereich Generationen des Migros-Genossenschafts-Bund hat sich über die langjährige und vielfältige Projektarbeit eine grosse Expertise erarbeitet und treibt das Thema in verschiedenen Partnerschaften und Netzwerken auch konzeptionell voran. Mit «GiM – Generationen im Museum» wollten wir eine Chance nutzen, die wir als zentral für Generationenprojekte erachten: Begegnungen auf Augenhöhe. Ein Gespräch, das von echtem Interesse gekennzeichnet ist; eine Aufgabe, zu der beide Generationen gleichermassen beitragen können; ein Produkt, das dann an Gestalt gewinnt, wenn sich beide Generationen zuhören und gemeinsam fantasievoll sind. GiM lädt zu einem kreativen Aufeinandertreffen ein, bei dem in einem ko-konstruktiven Prozess Neues geschaffen wird.

Das Museum erschien uns dafür als idealer Ort: Die Ausstellungsobjekte regen die Fantasie an und mit seinen Räumen bietet es eine hervorragende Infrastruktur, um die Dynamik dieser Begegnungen – vom Welcome im Empfangsbereich, über freundlich inspirierende Räume und Ateliers bis hin zum entspannenden Museumscafé – zu unterstützen. Die lokale Vernetzung zu Stammgästen, öffentlichen Einrichtungen und/oder der Presse halfen, das Projekt umzusetzen. Zu guter Letzt und sehr zentral ist die Arbeit der VermittlerInnen für die Veranstaltungen: Durch die grosse Offenheit war die Bereitschaft da, neue Wege in der Vermittlungsarbeit auszuprobieren, und ihre Kreativität sorgte dafür, dass die Begegnungen gut angeleitet wurden.

Aus der Perspektive der Museen gibt es ebenfalls eine Reihe von Vorteilen. Sie können mit Generationenprojekten ein neues Publikum ansprechen, ein neues Angebot erproben und sich darüber hinaus im Rahmen alternativer Bildungslandschaften in der Debatte des lebenslangen Lernens positionieren. Die VermittlerInnen erhalten durch GiM neue Impulse, können ein neues Veranstaltungsformat ausprobieren und somit ihre Kompetenzen erweitern. Sowohl für die Museen als auch für die VermittlerInnen bot GiM die Chance, das eigene Selbst- bzw. Rollenverständnis zu hinterfragen. Mit dem Auftrag des Geschichtenerfindens wurden die Ausstellungsobjekte zu Projektionsflächen. Die Deutungshoheit wurde den Betrachtenden übergeben, was nicht der traditionellen Vermittlungsarbeit entspricht und somit eine ungewohnte Haltung seitens der VermittlerInnen verlangte. Nicht das Einführen des Museums mit seinen Exponanten stand im Vordergrund, sondern das Gestalten von sozialen Kontakten, die sich angeregt vom Museum austauschen sollten.

Über das Projekt GiM

Heute besteht GiM aus einer jährlichen Fachtagung und einem konkreten Programm, mit dem VermittlerInnen eingeladen werden, in kleinen Workshops Generationen-Veranstaltungen für ihr Museum zu konzipieren. Dieses Buch dokumentiert die Pilotphase.

Die Idee für einen intergenerationellen Austausch im Museum wurde von der «Schweizerischen Gemeinnützigen Gesellschaft» angeregt. In einem interdisziplinärem Team aus VermittlerInnen und Generationenfachleuten wurde dann die Vision entwickelt:

«Menschen unterschiedlicher Generationen werden zu einem Besuch in ein Museum eingeladen und erleben dort überraschende, berührende und in der Erinnerung nachhallende zwei Stunden. Das Veranstaltungsformat ist niederschwellig und mit einem überschaubaren Aufwand für die VermittlerInnen umsetzbar. Dafür wiederum gewinnen wir mehrere Museen, sodass im Frühjahr 2014 eine ‹GiM-Welle› durch die Museenlandschaft geht. Das Netzwerk aller Beteiligten wird auf das Thema Generationen aufmerksam, sodass weitere Neugierige für GiM gewonnen werden.»

Im April 2013 wurde unter Leitung von Franziska Dürr Reinhard im Aargauer Kunsthaus eine Testveranstaltung durchgeführt, auf Basis derer wir eine Art Prototyp für die «GiM live-Veranstaltung», das «GiM live-Modell», formulierten. Das überarbeitete Modell präsentierten wir ein halbes Jahr später an der ersten Fachtagung für VermittlerInnen im Migros Museum für Gegenwartskunst in Zürich.

Die Fachtagung 2013 bot eine Einführung in das Generationenthema, gab Einsicht in beispielhafte Projekte und stellte das Programm «GiM live» vor. VermittlerInnen, die eine «GiM live-Veranstaltung» durchführen wollten, erhielten diverse Unterstützungsangebote zur Vorbereitung auf die Generationenarbeit. Im Gegenzug dazu erbaten wir uns Dokumentation und Reflexion des durchgeführten Anlasses.

Die zweite Fachtagung 2014 gibt Einblick in die praktische Arbeit von GiM. Als «GiM live-Schaufenster» stellt sie die bunten, frischen und erlebnisreichen Veranstaltungen dar und zeigt die verschiedenen Eindrücke der VermittlerInnen. Mit etwas zeitlicher Distanz zu den Veranstaltungen wird auch diskutiert, wo möglicherweise die Grenzen liegen und welche Potenziale in einer Fortführung des Projekts auszuschöpfen sind.

Boxenstopp: Wo stehen wir?

In der Regel sind Visionen dafür da, ein Projekt grundsätzlich auszurichten. Die Vision von «GiM – Generationen im Museum» war nicht nur richtungsweisend, sondern sie wurde dank des grossen Engagements aller Beteiligten in der Pilotphase sogar zu grossen Teilen realisiert: Ein einfaches Veranstaltungsformat wurde erprobt und den VermittlerInnen zur Realisierung angeboten; Museen und Vermittlerinnen machten mit und boten «GiM live-Veranstaltungen» an; die lokalen Medien berichteten über diese Veranstaltungen, und wir erhalten Anfragen von anderen Museen über die mögliche Teilnahme an GiM.

Das Wichtigste: Der beabsichtigte Austausch zwischen den Generationen hat tatsächlich stattgefunden. Während knapp zwei Stunden haben verschiedenste Menschen, angeregt von den Museen, ihren Objekten, den VermittlerInnen und anderen Gästen, das Museum einmal ganz anders kennen gelernt. Die Idee, das Museum als Ort einer überraschenden, zwischenmenschlichen Begegnung zu inszenieren, funktioniert und eröffnet den Museen sowie VermittlerInnen viel Potenzial.

Das Programm wird ausführlich von Maja Graf (Seite 160) reflektiert. Rückblickend soll an der Stelle erwähnt werden, dass die zugewandte Haltung der VermittlerInnen sehr motivierend für die Umsetzung in der Pilotphase war. Mit unserem Anspruch, mit- und voneinander im interdisziplinären Austausch zu lernen, legte diese Haltung einen wichtigen Grundstein für die weitere Entwicklung des Projekts. Als Pluspunkt werten wir auch die sehr pragmatische Vorgehensweise, mit der wir innert kürzester Zeit Erfahrungen über angebotene Veranstaltungen sammeln konnten. Der nachfolgende Schritt beinhaltet noch eine vertiefte Analyse, mit der auf der Metaebene der effektive Mehrwert für alle Beteiligten – Museumsgäste, VermittlerInnen und Museum – reflektiert wird. Mit dem Programm «GiM live» ist es uns gelungen, eine Community aus VermittlerInnen zu bilden, die sich über ihre Arbeit austauschen. Netzwerke sind für Projekte dieser Art zentral. Und so profitierten auch wir von unseren Partnern Kuverum, VMS, Mediamus und kultur-vermittlung.ch. Nicht nur, dass ihr objektiver Blick sehr wertvoll für die Projektkonzeption war, die vernetzte Infostreuung hat uns geholfen, auf unser Projekt aufmerksam zu machen und MitstreiterInnen zu finden.

GiM geht weiter!

Das Migros-Kulturprozent als Initiant von «GiM – Generationen im Museum» wertet «GiM live» als Erfolg: Insgesamt waren 31 Museen mit über 50 KulturvermittlerInnen involviert, im ersten Halbjahr 2014 fanden 34 «GiM live-Veranstaltungen» mit rund 400 Menschen statt. Natürlich stellt sich die Frage der Nachhaltigkeit. Eine einzelne Generationenbegegnung bewirkt wenig. Wichtig ist darum, dass einerseits die Museen aus eigener Initiative weiterhin derartige Anlässe anbieten und andererseits das Migros-Kulturprozent das Projekt «GiM – Generationen im Museum» fortführt und weiterentwickelt.

GiM wird 2015 fortgeführt und weiterentwickelt. Aus diesem Grund werden wir wieder eine Fachtagung und das «GiM live»-Programm für VermittlerInnen anbieten. Neben dem bisherigen Unterstützungsangebot für «GiM live-Veranstaltungen» möchten wir die Generationenarbeit im Museum auch konzeptionell weiterentwickeln: Was ist über eine zweistündige Veranstaltung hinaus noch möglich? Wie können Generationenprojekte zu einem festen Bestandteil des Museumsangebots werden? Wie könnten Generationen in eine Ausstellungskonzeption miteinbezogen werden? Es gibt dafür bereits tolle Beispiele und mit dem nun entstandenen Netzwerk können wir auf sehr wertvolle Erfahrungen zurückgreifen.

Wir blicken nach der Pilotphase auf einen reichen Erfahrungsschatz zurück. Der interdisziplinäre Austausch zwischen VermittlerInnen und Generationenfachpersonen war grundlegend für GiM. Wir haben von der Vernetzung aller Beteiligten profitiert. Offenheit, Pioniergeist und Kreativität der VermittlerInnen hauchten unserer Vision Leben ein. Bei den Museumsgästen wurde der Erfindungsgeist geweckt. Und wenn allen GiM-Beteiligten wenigstens ein überraschendes Erlebnis mit einem Menschen einer anderen Generation in Erinnerung bleibt und dies ihre späteren Kontakte prägt, ist viel erreicht.

Die im öffentlichen Diskurs gern benutzten negativen Generationen-bilanzen geben die Realität ungenügend wieder.

Pasqualina Perrig-Chiello, Bern

Mit differenziertem Blick

Generationenbeziehungen stehen zwar zunehmend im medialen und politischen Fokus – allerdings fällt auf, dass dieser Blick zumeist recht verzerrt ist. Mit Vorliebe wird etwa von Verteilungskämpfen zwischen Jung und Alt und dem Ende der Generationensolidarität gesprochen. Wissenschaftliche Erkenntnisse legen aber einen differenzierten Blick nahe.

Themen rund um Generationenbeziehungen und Generationensolidarität sind vor dem Hintergrund der gegenwärtig stattfindenden demografischen und gesellschaftlichen Veränderungen von besonderer Aktualität und Brisanz. Die längere Lebensdauer bei gleichzeitigem Geburtenrückgang hat zu einer grundlegenden Veränderung der intergenerationellen Verhältnisse geführt. Noch nie haben so viele Generationen eine so lange gemeinsame Lebenszeit gehabt wie heute. Neben diesen demografischen Veränderungen fand auch ein beispielloser kultureller Wandel statt, welcher traditionelle Rollenvorstellungen und Werte wie Autorität, Gehorsam, Gemeinschaftssinn, Treue und Verantwortung grundsätzlich infrage stellte. Was der einen Generation wichtig ist, scheint für die andere eine Nebensächlichkeit zu sein. Verlässliche Altersgrenzen wurden aufgeweicht, herkömmliche Erwartungen an die Partner-, Kinder-, Eltern- und Grosselternrolle immer weniger starr interpretiert und vermehrt individuell gestaltet.

Diese Entwicklung wird im öffentlichen Diskurs immer wieder als Bedrohung wahrgenommen. Ein beliebtes Thema ist etwa jenes, dass die zunehmende Anzahl alter Menschen eine hohe finanzielle Belastung für die jüngere Generation darstellt: Immer weniger Junge müssten für immer mehr Alte aufkommen – für Alte, die es sich gut gehen liessen ohne Rücksicht auf kommende Generationen. Solche (Vor-)Urteile werden zumeist auf der Basis von ungesichertem Wissen gefällt – und dies ist der Nährboden für Konflikte. Fakt aber ist, dass Generationenbeziehungen nicht generell konflikthaft sind, wie dies immer wieder beschworen wird, sie sind vielmehr äusserst komplex. Vor diesem Hintergrund drängt sich ein vertiefter Blick auf die Faktenlage geradezu auf. Zuvor soll aber der Begriff «Generation» kurz geklärt werden. In der Forschungsliteratur werden verschiedene Kategorien von Generationen unterschieden, wobei folgende zwei aufgrund ihrer grossen Relevanz am häufigsten thematisiert werden: familiale Generationen als Kategorien zur Unterscheidung von Abstammungsfolgen in Familien (Kinder-Eltern-Grosseltern) und gesellschaftliche Generationen als Kategorien zur Unterscheidung historischer und/oder sozialer Gruppierungen mit gemeinsamem sozio-historischem Hintergrund und mit einer entsprechend spezifischen Generationenidentität (zum Beispiel 68er-Generation).

Familiale wie gesellschaftliche Generationen stehen in einer wechselseitigen Beziehung, das heisst, dass sich Veränderungen in den gesellschaftlichen Generationenbeziehungen auf die familialen auswirken und umgekehrt. Beide Generationenbeziehungen waren in den letzten fünfzehn Jahren zunehmend Gegenstand sozialwissenschaftlicher Untersuchungen. Die Resultate zeichnen ein äusserst komplexes Bild der Generationenbeziehungen.

Solidarität statt Krieg

Die Alterung der Gesellschaft hat das Zusammenleben der Generationen entscheidend verändert. Allerdings ist ihr Miteinander in der Schweiz mehrheitlich solidarisch. Zwar sind die «neuen Alten», die sogenannten Babyboomer, als Kinder der Nachkriegs-Wirtschaftswunderjahre in ihren Lebens- und Konsumbedürfnissen zumeist individualistischer und anspruchsvoller als frühere Generationen. Daraus zu schliessen, dass diese nur ihre eigenen Bedürfnisse im Visier haben, greift zu kurz. Es ist vielmehr so, dass auch diese Generation von jungen Alten in bedeutsamem Masse zum Allgemeinwohl beiträgt, sei es in familialen Belangen (wie etwa die Pflege der betagten Eltern und/oder des Partners/der Partnerin), sei es in Form von Freiwilligenarbeit (Nachbarschaftshilfe, Mitarbeit in Vereinen etc.).

Was ferner aus einschlägigen Forschungsergebnissen klar hervorgeht, ist, dass die im öffentlichen und politischen Diskurs gern benutzten sogenannten negativen Generationenbilanzen die Realität ungenügend wiedergeben. Fakt ist, dass diese nur die offiziell ausgewiesenen sozialstaatlichen Transferleistungen berücksichtigen und die beträchtlichen familialen und informellen Leistungen in Form von Zeit, Geld und Arbeit ausblenden, mit Vorliebe jene der älteren Generationen. Fakt ist, dass in Schweizer Familien nach wie vor eine erhebliche intergenerationelle Solidarität vorhanden ist – und diese ist nicht nur willkommen, sondern notwendig: Aufgrund mangelnder oder unerschwinglicher Krippenplätze in der Schweiz kommt beispielsweise der Enkelkinderbetreuung durch die Grosseltern eine entscheidende Rolle zu. Und die Zahlen sind eindrücklich: Es geht hier um rund 100 Millionen Betreuungsstunden pro Jahr, was in etwa 2 Milliarden Franken entspricht. Überhaupt spielen Grosseltern eine herausragende Rolle für die Enkelkinder – nicht nur als Geschichtenerzähler und als Wertevermittler, sondern auch als Ansprechpartner bei Sorgen und Nöten.

Im höheren Alter sind Menschen allerdings selber auf eine funktionierende Solidarität innerhalb und zwischen den Generationen angewiesen – und diese wird häufig unter vielen Opfern auch erbracht. Nur ein Fünftel der über 80-Jährigen in der Schweiz lebt in einem Alters- oder Pflegeheim, sechs von zehn zu Hause lebenden Pflegebedürftigen werden von Angehörigen betreut. Der Wert der privaten Pflegearbeit beträgt jährlich schätzungsweise 10 bis 12 Milliarden Franken. Diese Arbeit wird zu 80 Prozent von Frauen, namentlich von Töchtern und Partnerinnen, erbracht. Frauen sind generell mit hohen familialen und gesellschaftlichen Solidaritätserwartungen konfrontiert. Aufgrund steigender Frauenerwerbstätigkeit und Scheidungsraten erhöht sich allerdings damit auch das Risiko beruflich-familialer Unvereinbarkeiten. Noch sind viele Frauen gewillt, diesen Spagat zu erbringen (etwa durch Reduktion des Arbeitspensums oder gar durch Aufgabe ihrer beruflichen Tätigkeit). Wie lange noch? Wer wird die neuen Alten eines Tages pflegen? Hier zeichnen sich erfreulicherweise neue Möglichkeiten und Aktivitäten ab, die noch vor einigen Jahren nicht denkbar waren. Proaktiv organisieren sich junge Alte und treiben innovative Wohn- und Arbeitsprojekte voran. Dies rückt demografische Szenarien, in denen beklagt wird, dass in Zukunft weniger Erwerbstätige für immer mehr Rentner aufkommen müssen, in ein neues Licht. Wer nämlich glaubt, dass den Jungen fehlt, was den Alten zukommt, und dass Letztere einseitig von den Erwerbstätigen profitieren, geht von einem sozialpolitischen Nullsummenspiel aus. Die Zusammenhänge sind komplexer. So brauchen etwa hochaltrige Personen medizinische Hilfe – und verhelfen somit jüngeren Personen zu Arbeit und Lohn.

Neue Perspektiven

Aber auch die vielen Generationenprojekte in der Zivilgesellschaft eröffnen neue Perspektiven: die Solidarität zwischen den Generationen, die Potenziale des gegenseitig Voneinander-Lernens, der Brückenschlag zwischen Enkeln und Grosseltern oder die wirtschaftlichen Vorteile des generationellen Wissenstransfers. Diese Bestrebungen sowie die Tatsache, dass sich Senioren in bedeutsamem Masse auch ausserfamilial sozial engagieren, werden in der Öffentlichkeit allerdings noch viel zu wenig wahrgenommen. So sind «Leih-Omas und -Opas» eine zunehmende Realität: Senioren mit oder ohne Enkelkinder, welche beispielsweise einen Mittagstisch oder Hausaufgabenhilfe für Kinder und Jugendliche mit Migrationshintergrund anbieten. Oder: Senioren im Klassenzimmer – für viele Lehrpersonen eine willkommene Entlastung bei immer heterogeneren und schwierigeren Schulklassen. Vor dem Hintergrund der relativ stark segmentierten Lebenswelten von Jung und Alt sind diese Bestrebungen von unschätzbarer Bedeutung.

Solidarität innerhalb und zwischen den Generationen – was ist die Alternative? Solidarität ist aus menschlichen, sozialpolitischen und volkswirtschaftlichen Gründen dringlich und ohne Alternative! Trotz des viel beschworenen Generationenkriegs besteht in unserer Gesellschaft sehr wohl eine Bereitschaft zu Solidarität, insbesondere in Familien – und diese spielt in der Schweiz eine herausragende Rolle für das gute Funktionieren des Sozialstaats. Die Frage ist nur: wie lange noch? Denn: Diese Solidarität wird gemeinhin erwartet und gefordert, aber gesellschaftlich immer noch zu wenig erkannt und anerkannt. Und für die neuen Generationen von Senioren ist die Solidarität innerhalb und zwischen den Generationen sicherlich eine gelebte Realität, es ist dies aber eine Realität mit einem zunehmend fragilen Gleichgewicht. Intergenerationelle Solidarität ist keine Selbstverständlichkeit – sie muss ausgehandelt und auf breiter Ebene diskutiert und unterstützt werden. Sie ist nicht nur eine private Angelegenheit, sondern auch eine gesellschaftliche Aufgabe. Zu deren Bewältigung braucht es Lösungsmöglichkeiten jenseits von Konflikt- und Solidaritätsdiskursen.

Wege der Generativität

Fünf Voraussetzungen sind dabei zu beachten: Zunächst das Akzeptieren der Realität, dass wir eine Viergenerationengesellschaft sind. Akzeptieren der Verschiedenheit innerhalb und zwischen den Generationen. Jede Generation hat ihre Stärken und Schwächen, ihre Aufgaben, ihre spezifischen Vorstellungen, wie sie ihr Leben gestalten will, und das ist gut so – wir sprechen ja von Generationenidentität, und die ist wichtig. Intergenerationelle Solidarität verlangt zweitens Respekt und gegenseitige Anerkennung: Es braucht Wissen voneinander und es braucht die Sicherheit, dass unterschiedliche Werthaltungen nicht etwas Bedrohliches und zu Bekämpfendes sind. Unterschiedliche Werthaltungen können komplementär sein und sich gegenseitig bereichern. Wir müssen die Generationenvielfalt nutzen, sie macht uns reicher! Drittens ist Partizipation gefragt: Gesellschaftliche Teilnahme für alle Altersgruppen ist ein Menschenrecht. Es darf keine Diskriminierung aufgrund des Alters – ob jung oder alt – in Politik, Kultur, Wissenschaft und auf dem Arbeitsmarkt geben. Die Förderung von Kontakten mit Gleichaltrigen und Leuten unterschiedlichen Alters verbessert nachweislich die intergenerationelle Integration in unserer Gesellschaft. Viertens sollen ungleiche Ressourcen statt Altersunterschiede thematisiert werden: Es geht um eine ethische Überzeugung, der zufolge Angehörige verschiedener Generationen gegenseitige Pflichten und Verpflichtungen haben, nämlich, dass jede Generation alles, was in ihren Möglichkeiten steht, tut/tun muss, um das Leben und die Lebensqualität aller Generationen zu sichern. Wem diese Möglichkeiten nicht gegeben sind, der soll auf Solidarität und Unterstützung anderer zählen können, dies trifft vor allem zu Beginn des Lebens und am Lebensende zu.

Und nicht zuletzt geht es eben um Generativität: Die älteren Generationen sind aufgrund ihrer Lebenserfahrung und ihrer vermehrten Möglichkeiten der Einflussnahme verantwortlich, die ideellen und materiellen Lebensgrundlagen der Nachkommen zu sichern. Wer gibt, soll nicht mit der Absicht geben, etwas zurückzuerhalten, sondern aus der Überzeugung heraus, dass es richtig und wichtig ist und – als Nebeneffekt – letztlich auch noch glücklich macht! Wir wissen aus der psychologischen Forschung, dass jene die besten Karten haben, die nicht primär ihre Interessen fokussieren, sondern sich für andere engagieren. In diesem Sinne ist es auch primär an den älteren Generationen, sich für Generationenprojekte zu engagieren.

Quellen:

Perrig-Chiello, P., Höpflinger, F., & Suter, C., 2008: *Generationen – Strukturen und Beziehungen. Generationenbericht Schweiz.* Zürich: Seismo Verlag.

Perrig-Chiello, P. & Dubach, M. (2012) (Hrsg.). Brüchiger Generationenkitt? Generationenbeziehungen im Umbau. Zürich: vdf-Hochschulverlag ETH Zürich.

Bühlmann, F., Schmid, C., Farago, P., Höpflinger, F., Levy R., Joye, D., Perrig-Chiello, P., Suter, C. (2012). Sozialbericht Schweiz. Fokus Generationen. Zürich: Seismo Verlag.

Der Kapitän «Kleiner Ritter» aus der Ukraine reiste mit dem Gumpi-Schiff bis Jerusalem, um einen Schatz zu suchen. Er traf den bösen Piraten …

Kapitän «Kleiner Ritter» findet den Goldschatz.
Erzählt von Kolja, 4 Jahre, Jessica, 36 Jahre, und Guido, 39 Jahre.
Fortsetzung Seite 119

TRICKBÜRO

Der Erfolg eines Dialoges der Generationen ist nicht an Quantitäten festzumachen.

Andreas Grünewald Steiger, Wolfenbüttel

Potenzial erschliessen

In den letzten zehn Jahren und mit dem Strom der aufkommenden gesellschaftspolitischen Devisen ist auch der Begriff der «Generation» in die öffentlichen Bildungsinstitutionen gespült worden. Klar ist: Soll der Ansatz des intergenerativen Dialoges durch das Museum als wirkliche Begegnung verstanden werden, braucht es hinreichende Kompetenzen der Vermittlungspersonen, adäquate Konzepte und angemessene Methoden.

Demografischer Wandel und intergenerationelles Lernen sind Schlagworte der jüngeren Bildungsdiskussion. Um das Potenzial zu erschliessen, das in einem gelungenen Austausch zwischen Menschen mit unterschiedlichen Erfahrungshorizonten steckt, müssen erst Stereotypen aus dem Kopf getrieben werden.

Das allgemeine Verständnis des Begriffs «Generationen» ist dazu angetan, Denk- und Handlungsperspektiven zu verengen, wenn wir annehmen, dass sich die Generationen in erster Linie durch ihr Lebensalter unterscheiden, den jeweiligen Jahrgängen zuzuordnen sind und über sie klassifiziert werden können. In der Demografie beträgt die Spanne zwischen den Generationen etwa 35 Jahre Altersdifferenz zwischen Eltern und Kindern. Das ist eine sinnvolle Festlegung, wenn es um Bevölkerungsentwicklungen geht. In unseren Zusammenhängen ist es sehr viel ergiebiger, davon auszugehen, dass das Verbindende in erster Linie nicht die objektiv gemessene Lebenszeit, sondern die gemeinsame Erfahrungszeit unter ähnlichen, aber subjektiv wahrgenommenen Bedingungen ist. Die Mitglieder einer Generation gleichen sich, indem sie bestimmte Verhaltensmuster annehmen oder durch die Wirkung spezifischer historischer Situationen geprägt werden, anschaulich als «Partizipation der Schicksale und Teilhabe an den geistigen Strömungen der Zeit»[1] beschrieben.

Unter einer Generation kann also eine sehr viel breitere Spannweite an Lebensaltern und Erfahrungspotenzialen verstanden werden. Damit verändert sich auch ganz wesentlich die Charakterisierung: weg von der «Zielgruppe» und hin zur «Interessengruppe». Mit «Zielgruppe» wird eine homogen strukturierte Einheit innerhalb einer Gesamtgesellschaft bedeutet. Sie kennzeichnet sich durch ihre bestimmbare und damit von anderen trennscharf abgrenzbare Lebensweise. Sie kann über ihre Vorlieben, Verhaltensweisen und Haltungen in bestimmte Zusammenhänge eingeordnet werden. In der Marktforschung stellen diese Einheiten potenzielle Abnehmer eines Produktes dar.[2] Nehmen wir dazu als Beispiel die Zielgruppe 60 plus, Menschen nach dem 60. Lebensjahr, und innerhalb dieser Gruppe Menschen mit Affinität zu Kunst und Kultur. Sie werden wie folgt beschrieben: Sie kommen überwiegend aus dem konservativ-etablierten Milieu und besitzen eine gehobene bis höhere Bildung. Was sie treibt, ist eine starke Motivation zur sinnfälligen und anspruchsvollen Tätigkeit in Verbindung mit anspruchvoller Unterhaltung. Sie vereint eine grundlegende moralische Werteorientierung, ebenso die generelle Bejahung der gesellschaftlichen Ordnung. Sie waren in ihrem aktiven Berufsleben und sind in sozialer Hinsicht etabliert. Und sie leben in gesicherten und harmonischen Verhältnissen. Ihr Denken prägt sich durch Verantwortungs- und Erfolgsethik, ebenso durch Exklusivitäts- und Führungsansprüche, sie verfügen über ein erkennbares Statusbewusstsein.[3]

Gleichzeitigkeit der Gegenwart, Gemeinsamkeit der Zukunft

Folgen wir nun also dieser kunst- und kulturaffinen Zielgruppendefinition und ersetzen wir die Profitorientierung der Markforschung durch den Zweck, an Kulturangeboten interessierte und aktiv teilnehmende Personengruppen neu zu gewinnen. Tauschen wir darüber hinaus die Strategien des Marketing gegen die des Audience Developments[4]. Dann ergeben sich, nahezu deckungsgleich, immer noch ganz ähnliche Schemata der Segmentierung, aufgrund deren die Institutionen aller Kultursparten ihre Kommunikationskonzepte bilden und mit denen sie die potenziell Teilhabenden letztlich ansprechen und gewinnen wollen.

Unter dem Schlagwort «Generationen im Museum» findet man im Netz eine grosse Zahl von Angeboten mit Inhalten wie «Schule früher», «Malen, Basteln, Vorlesen» oder «Historische Spiele». Bei näherer Betrachtung kommt bei vielen diesen Veranstaltungen der Verdacht auf, dass es sich dabei um Konstruktionen nach dem Zielgruppenprinzip

1 Mannheim, Karl: Das Problem der Generation. In: Wissenssoziologie. Auswahl aus dem Werk. Wolff, Kurt H. (Hg.), Neuwied 1964.

2 Vgl. zur Methode der Zielgruppenforschung: Diaz-Bone, Rainer (2004, Mai). Milieumodelle und Milieuinstrumente in der Marktforschung. Forum Qualitative Sozialforschung / Forum: Qualitative Social Research [On-line Journal], 5(2), Art. 28. Verfügbar über: www.qualitative-research.net/fqs-texte/2-04/2-04diazbone-d.htm [letzter Zugriff: 10.2.2014].

3 Vgl. www.sinus-institut.de/loesungen/sinus-milieus.html [letzter Zugriff: 16.2.2014]

4 Audience Development arbeitet mit Ansätzen aus Marketing, PR, Besucherforschung und kultureller Bildung, um kulturelle Angebote für unterschiedliche Zielgruppen zu gestalten, zu positionieren, zu kommunizieren, zu vertreiben und zu vermitteln. Die Basis dafür ist die systematische empirische Zielgruppenforschung.

handelt: Oma und Opa haben Zeit und erzählen den Jüngsten, wie es damals so war. Für beide Seiten ohne Frage eine sicher angenehme und – unter Umständen – sicherlich auch sinnvolle Beschäftigung.

Eine gemeinsame Tätigkeit im Museum ist aber nicht per se Kommunikation im Sinne kultureller Bildung. Im Unterschied zum eng gefassten und instrumentellen Verständnis von Zielgruppe eröffnet der Begriff «Interessengruppe» weit mehr Begegnungsformate und Bedeutungsebenen: Die Dynamik der eindimensionalen Weitergabe von Informationen über «das Früher» kann dann als prozesshafter und gleichwertiger Austausch verstanden werden, beginnend in der Gemeinsamkeit des Hier und Jetzt. Die Gleichzeitigkeit in der Gegenwart und die Gemeinsamkeit einer Zukunft – mit all ihren Implikationen auf jeden einzelnen Beteiligten – wird zum bündigen Ausgangspunkt einer Wanderung durch die individuellen Erfahrungshorizonte. Es entsteht eine Bewegung, deren Dynamik von Empathie und Emotion, Zugewandtheit und dem Wunsch, verstehen zu wollen, geprägt ist.

Soll der Ansatz des intergenerativen Dialoges durch das Museum nicht nur als freundliche Unterhaltung, sondern als wirkliche Begegnung verstanden werden, braucht es hinreichende Kompetenzen der Vermittlungspersonen, adäquate Konzepte und angemessene Methoden. Um hier sinnvolle Ansätze zu entwickeln, helfen grundsätzliche Fragestellungen, die auf jedes einzelne Museum und dessen eigene Vermittlungsansätze zu beziehen sind: Weiss das Museum, was seine Besucher von ihm wollen? Und was will das Museum von ihnen? Strebt es einen wirklichen Dialog an, und wie macht es sich zum Ort einer Begegnung auf Augenhöhe? Mit welchem Ziel? Wodurch charakterisieren sich die Generationen, die das Museum ansprechen will oder bereits anspricht, und was haben das Museum als Ort und seine Sammlung mit diesen Generationen zu tun? Gibt es generations-übergreifende Interessen, die in einem gemeinsamen Impuls aufgenommen werden können? Welche lebenswirklichen, bedeutungsvollen und generationsunabhängigen bzw. -übergreifenden Fragen beschäftigen die unterschiedlichen Altersgruppen, wo ist ihr Nexus?

Ist die Entscheidung zwischen Zielgruppe und Interessengruppe gefallen und sind die substanziellen Fragen zum Verhältnis zwischen Institution und gewünschten Dialogpartnern beantwortet, ist das Konzept noch nicht automatisch gelungen.

Intergenerationelles Lernen ist nur ein Thema von vielen, mit denen sich die Institution Museum in heute auseinanderzusetzen hat. In ihrer langen Geschichte ist es für Museen ein relativ neues Phänomen, dass sie sich nahezu unvorbereitet in der Mitte der Gesellschaft wiederfinden und Stellung nehmen sollen zu Verhältnissen, die weder Geschichte geworden noch im offenen Kunstraum angesiedelt sind. Floskeln wie «Museen sind Orte der Begegnung mit Kunst und Kultur» oder «Museen tragen zur Identitätsbildung bei» reichen bei Weitem nicht aus, um die – sehr berechtigte – Frage ihrer Wirksamkeit und Funktion innerhalb einer Gesellschaft zu beantworten. Ebenso ist der Nachweis von Besucherzahlen kein befriedigendes Motiv (und war es noch nie) für die Existenz der Institution und deren Unterhalt mittels öffentlicher Gelder. Allerdings bringt der Sparzwang der öffentlichen Hand die Museen in die unglückliche Situation, aus dem Stand heraus auf die durch die Politik vorgegebenen Parameter zu reagieren.

Interkultur, Partizipation, Diversität, Inklusion, lebenslanges und intergenerationelles Lernen fordern jedoch hohe inhaltliche Professionalität durch Qualifizierung in Theorie und Praxis, fundierte Erfahrungshintergründe sowie entsprechende Ressourcen und Rückhalte auf allen Ebenen der Institution. Jedes simplifizierte Vermittlungskonstrukt und jede ökonomisierte Praktik läuft in diesem hochsensiblen Bereich Gefahr, in das Gegenteil dessen umzuschlagen, was den eigentlichen Sinn und das Ziel dieser Ansätze ausmacht, und damit ein beträchtliches Potenzial zu desavouieren, über das die Museen in dieser Hinsicht verfügen.

Fallstricke, Chancen, Verantwortung

Im Augenblick – so scheint es – liegt die Verantwortung für das Gelingen dieser Konzepte bei den Vermittlungspersonen. Hier ist jedoch weniger die Frage, welche Formate und Methoden die schnellsten und effektivsten sind, um ein Museum möglichst nachdrücklich und auffallend ins rechtes Licht zu setzen. So paradox es auf den ersten Blick sein mag: Es geht dabei eher um die Herausforderung, bestimmte Dinge eben nicht zu tun, und das mit dem Ziel, die Qualität dessen zu wahren, was mit den Mitteln des Museums tatsächlich durchführbar und inhaltlich zu verantworten ist.

Als problematisch zeigen sich in diesem Zusammenhang Formate, bei denen die Grenzen zu sozialbetreuerischen oder -therapeutischen Interventionen verschwimmen. Ebenso kritisch wird es, wenn das Museum via kulturelle Bildung mit der Verbesserung gesellschaftlicher Schieflagen beauftragt wird, ohne dass die Ausbildung des planenden und handelnden Personals sowie dessen Unterstützung durch die Strukturen und Organisationsabläufe innerhalb der Institution vorhanden bzw. adäquat ausgestattet sind. Stimmen diese Parameter nicht mit den Zielen der Vermittlung überein oder zeigen sich deutliche Verschiebungen, etwa in der Nutzung solcher Projekte als Vehikel strategischer PR und der Generierung von Besuchszahlen, läuft dies dem Sinn der kulturellen Bildung zuwider und sollte nicht umgesetzt werden.

Natürlich ist eine solche Konsequenz in der Praxis nicht einfach. Sie verlangt Standhaftigkeit und Überzeugungskraft und nur zu oft ein geduldiges Anrennen gegen wenig flexible Strukturen und widrige Verhältnisse. Aber die Konsequenz einer solchen Haltung führt im Denken und Handeln auch zu mehr Professionalität. Professionalität bedeutet in diesem Zusammenhang: objektiv begründbare Kriterien benennen können, die ein bildungspraktisches Handeln und dessen beabsichtigtes Wirken im Sinne einer gesellschaftlichen Verantwortung des Museums herleiten – oder eben auch vorhandene Defizite aufzeigen und die notwendige Reaktion darauf begründen. Hierin liegt die Chance, Rahmenbedingungen und Voraussetzungen zu definieren, die ein gelingender Bildungsprozess benötigt.

Im Zusammenhang mit dem Dialog der Generationen lässt sich als Anstoss und Vorschlag zur weiterführenden Diskussion ein Katalog von Prädikaten denken:

Wo? Das Museum ist als Ort und Institution eine gesellschaftlich akzeptierte Instanz. Es soll ein geschützter Raum ohne ideologische Beeinflussung und frei von subjektiven Manipulationen sein. Seine Stärken sind Objektivität im moralischen und materiellen Sinne sowie Authentizität in Darstellung und Aussage. Museum ist nicht an das Haus und die Ausstellung gebunden, die Kommunikationspotenziale des Museums können prinzipiell überall dort sein, wo Menschen sich begegnen.

Wer? Im Mittelpunkt stehen generationenübergreifende Interessengruppen. Ausgangspunkt des Dialoges ist die Partizipation der Beteiligten an der Gegenwart.

Wie? Das Primat der Vermittlung gründet sich auf ein Konzept des voneinander Lernens. Die Hierarchie zwischen Wissenden und Unwissenden wird ersetzt durch die dialogische Begleitung der Vermittelnden. Ihre Aufgabe ist es, diesen Dialog unter Berücksichtigung all seiner theoretischen Voraussetzungen und praktischen Bedingungen zu ermöglichen.

Was? Vorauszusetzen sind zeitlich adäquate Bereiche für Kommunikationsprozesse in einer Atmosphäre von Gegenseitigkeit, Vertrauen und Wertschätzung. Inhaltliche und strukturelle Unterstützung durch die Institution durch ausgebildetes Personal und die Vorhaltung von organisatorischen Ressourcen sind massgeblich.

Womit? Kenntnisse über historische Fakten und Empathie für die psychosozialen Prägungen von Erlebnisgemeinschaften bedingen die Intensität und das Gelingen des Dialoges. Die Wahl der Methodik entspricht den Aufgaben und Möglichkeiten der kulturellen Bildung, die Grenzen zur sozialen, psychologischen oder therapeutischen Intervention sind eindeutig definiert.

Wozu? Der Erfolg eines Dialoges der Generationen ist nicht an Quantitäten festzumachen. Es zählt der Grad der Verständigungsprozesse in der Begegnung zwischen Menschen mit unterschiedlicher Prägung, Herkunft, Vergangenheit, Gegenwart und gemeinsamer Zukunft. Der Reichtum einer Gesellschaft liegt in der Diversität der Erfahrungen, in der Fähigkeit, diese als «Nahrung für die Gemeinschaft» zu begreifen und ihnen (im Museum und anderswo) eine Vielfalt der Stimmen zu ermöglichen.

Das Museum besitzt definitiv ein soziales Potenzial. Und jetzt?

David Vuillaume, Zürich

Hochkomplex, hochpolitisch

Museumssammlungen zeichnen sich durch ein Geflecht aus Verbindungen zwischen den Epochen aus. Museen sind potenziell ideale Orte, um den generationsübergreifenden Dialog zwischen den Ausstellungsstücken auf die BesucherInnen zu übertragen. Das passt: Das ultimative Ziel eines Museums ist es, sich für die Entwicklung der Gesellschaft einzusetzen. Doch ist dies auch wirklich möglich?

Museen sind Kulturhochburgen, aber sind sie auch soziale Institutionen? Die Beantwortung dieser Frage ist eine der Herausforderungen des Projekts «Generationen im Museum». Und die Tatsache, dass dieser Dialog nicht nur für Institutionen eine Herausforderung darstellt, sondern für die ganze Gesellschaft, macht sie umso spannender.

Wenn Museen beispielsweise Aids-Prävention betreiben, insbesondere in Afrika, und Enthaltsamkeitsbotschaften an die jungen Generationen aussenden, würde man sie am liebsten neutral oder ausserhalb des sozialen Bereichs sehen. Doch selbst jene Museen, die sich stark auf ihre kulturellen Aktivitäten konzentrieren, sind nicht frei von sozialer Verantwortung. Im Jahr 2008 hatte ich die Ehre, Mitglied der Jury der «Museumssterne» zu sein. Diese Auszeichnungen werden den Basler Museen für ihren Einsatz für Menschen mit Behinderungen verliehen. Die Profile der Jury-Mitglieder waren sehr unterschiedlich, vertreten waren Menschen mit und ohne Behinderung. Während den Beratungen kam es nie zu Konfrontationen, es gab kein «wir» oder «ihr». 2008 gewann das Museum, das seine Sammlungen allen zugänglich gemacht hatte, ohne die Sichtbarkeit der spezifischen Dienste für Behinderte zu stark in den Vordergrund zu stellen, um jegliche Form von Diskriminierung zu vermeiden. Es ging absolut nicht darum, politisch korrekt zu sein, sondern es wurde ein Museum gezeichnet, das sich an die Vielfalt der Gesellschaft anpasste. Im Rahmen der Diskussionen war das Thema «ältere Menschen» allgegenwärtig: Denn ein für behinderte Menschen zugängliches Museum ist im Prinzip auch für ältere Menschen gut zugänglich. Beide Besuchergruppen haben spezifische Bedürfnisse. Obwohl sie streng genommen keine sozialen Institutionen sind, erschien es mir selbstverständlich, dass Museen auch eine soziale Rolle übernehmen müssen.

In der Literatur findet man zahlreiche Definitionen des Begriffs «Museum». Die folgende Definition des Internationalen Museumsrates (ICOM) gilt jedoch in der Öffentlichkeit, bei Fachleuten und bei Behörden als Referenz: «Ein Museum ist eine gemeinnützige, auf Dauer angelegte, der Öffentlichkeit zugängliche Einrichtung im Dienste der Gesellschaft und ihrer Entwicklung, die zu Studien-, Bildungs- und Unterhaltungszwecken materielle und immaterielle Zeugnisse von Menschen und ihrer Umwelt beschafft, bewahrt, erforscht, bekanntmacht und ausstellt.»[1]

Wir haben es hier mit einem hochkomplexen politischen und philosophischen Programm zu tun. Diese Definition des ICOM umfasst den institutionellen Status der Museen (auf Dauer angelegt, gemeinnützig), ihren Gegenstand (das Erbe), ihre Aktivitäten (Beschaffung, Bewahrung, Erforschung und Bekanntmachung) oder ihre Funktionen (Wissenschaft, Bildung, Vergnügen). Sie liefert jedoch vor allem einen Hinweis auf die Zweckbestimmung eines solchen Unternehmens.

Warum verpflichten sich nun Museen im Rahmen eines derart anspruchsvollen Programms? Weil sie im «Dienste der Gesellschaft und ihrer Entwicklung» stehen. Anders gesagt: Das ultimative Ziel eines Museums besteht insbesondere auch darin, sich für die Entwicklung der Gesellschaft einzusetzen. Somit kommt dem Museum eine Rolle bei der Organisation der Beziehungen zwischen den Menschen zu. Das Museum bereichert unsere Wahrnehmung, indem es neue Dimensionen eröffnet: Die Sammlungen ermöglichen es, Verbindungen zwischen verschiedenen Epochen herzustellen, Generationen und sogar Kontinente zu durchqueren. Als öffentliche Einrichtung erlaubt es das Museum, bestimmte gemeinsame Werte zu bewahren und die Aufmerksamkeit auf diese zu lenken. Es geht somit weit über praktische Dienste für die Bürgerinnen und Bürger hinaus. Aufgrund seiner gemeinnützigen Ausrichtung kann es ausserdem einen kritischen Blick auf die in der Wirtschaft dominierenden Abläufe ermöglichen. Das Museum besitzt definitiv ein soziales Potenzial.

Grosse Herausforderungen

Die Schweiz und Europa stehen vor grossen politischen und gesellschaftlichen Herausforderungen: Die grosse Anzahl öffentlicher, politischer Programme für Wirtschaft und Konkurrenz, wachsende soziale Ungleichheiten, das Erstarken des Nationalismus, interreligiöse Spannungen, Furcht vor dem Fremden oder die Polarisierung der Politik gefährden den sozialen Zusammenhalt. Museen ermöglichen Begegnungen, Dialog und Verständnis und sind wichtiger denn je, um unsere Lebensqualität zu sichern. Daher hat die Europäische Union kulturelle Aktivitäten als «vertrauensbildende Massnahmen» qualifiziert. Die Investitionen im Kulturbereich bleiben jedoch trotzdem zu gering. Kultur wird auch weiterhin häufig noch als kostspieliger Luxus betrachtet, auch in der Schweiz. Kurzfristig denkende

1 ICOM 2004 / ICOM Schweiz, ICOM Deutschland, ICOM Österreich 2010

Politikerinnen und Politiker interessieren sich nur dann für Kultur, wenn sie zugleich von wirtschaftlichen Gewinnen berichten können. Die Europäische Union und der Europarat wurden gegründet, um die Rückkehr der Barbarei zu verhindern. Die Schweiz versteht sich als «Willensnation». Dabei handelt es sich um Zivilisationsprojekte, denen einzig Kultur in all ihrer Komplexität einen Sinn geben kann. Museen bewahren gemischte und unterschiedlichste Sammlungen auf und verfügen somit über alle Voraussetzungen, um Reflexionen über Identität und Vielfalt zu begünstigen.

Vor diesem Hintergrund ist die Entwicklung der Demografie ganz gewiss auch eine Herausforderung, die alle entwickelten Länder betrifft. Das Risiko von sozialen Spannungen zwischen den Generationen, die vom System der Umverteilung der Ressourcen profitieren, und jenen, die dieses finanzieren, ist gross. Auch hier bauen Museen als Räume, die allen offen stehen, Brücken zwischen den Objekten aus verschiedenen Epochen und besitzen grosses Potenzial, um zu Orten der Begegnung und des Austauschs zu werden.

Museen als Akteure des Wandels

Das Museum muss folglich eine soziale Rolle ausfüllen, die für seine institutionelle Form spezifisch und unerlässlich ist, denn die Organisation eines Austausches zwischen den Menschen im Allgemeinen und den Generationen im Besonderen ist eine Notwendigkeit. Im Rahmen von Museumsinstitutionen gibt es jedoch nur wenige Projekte, die sich offensiv mit dem Problem befassen. Es gibt zum Glück immer mehr Programme, die den Zugang von Menschen mit Behinderung zur Kultur begleiten. Ebenso gibt es zahlreiche Angebote für Familien, die damit gleichzeitig auch eine Form des Kontakts zwischen den Generationen fördern. Die Begegnung zwischen Unbekannten aus mehreren Generationen im Museum wurde jedoch bisher kaum thematisiert, umgesetzt oder bewertet. Das Projekt «GiM – Generationen im Museum» ist deshalb gleichzeitig neu und herausfordernd.

Was könnten die Gründe für die geringen Ressourcen sein, die zur Förderung dieses generationsübergreifenden Austauschs bereitgestellt werden? Dazu einige Hypothesen: Als Erstes wäre da die Tatsache, dass sich die Museen erst seit Kurzem für ihre BesucherInnen interessieren. Manche Schweizer Museen kennen deren Profil nur teilweise oder verfügen über gar keine Informationen. Die mangelnde Forschung in Bezug auf die BesucherInnen geht mit der Unkenntnis der Nicht-Besucher einher. Es gibt nur wenige Museumsfachleute, die sich mit der Entwicklung der Besucherzahlen befassen, und sie tun dies vor allem im Rahmen des Marketings für Sonderausstellungen. Bei den Besuchen kommt es immer noch hauptsächlich auf Zahlen an. Deren Qualität ist zweitrangig.Des Weiteren muss darauf hingewiesen werden, dass die Risikokultur wie die Kultur der Bewertung in den Museen ebenfalls kaum entwickelt ist. Die zuständigen Behörden und die leitenden Organe erwarten Ergebnisse. Und zwar kurzfristige. Schliesslich muss man anerkennen, dass die Messung der Wirkung eines Museumsbesuchs ein schwieriges Unterfangen ist. Die qualitativen Indikatoren sind schwer zu definieren. Und in unserem Fall ginge es darum, die Wirkung des zwischenmenschlichen Austauschs zur individuellen Wirkung hinzuzufügen. Um die Übung abzuschliessen, müsste man diese natürlich auch in eine globale Sicht der Gesellschaft integrieren. Ich verstehe, dass einige Museen die Büchse der Pandora nicht öffnen möchten. Schliesslich sind sie nicht der Grund für die gesellschaftlichen Umwälzungen. Sie können zwar Lösungselemente liefern, aber lohnt es sich, für einen Tropfen auf den heissen Stein derart viele Mittel zu mobilisieren?

Am Beispiel der angelsächsischen Museen können wir diese Überlegung fortsetzen. Damit die Museen die Vielfalt der Gesellschaft endlich berücksichtigen, waren einerseits ernsthafte gesellschaftliche Krisen erforderlich und andererseits mussten sie von den zuständigen Behörden dazu verpflichtet werden. In England und Schottland werden in den Jahresberichten der subventionierten Museen die Statistiken der verschiedenen Zielgruppen aufgelistet, deren Interesse geweckt werden konnte, oder der Gemeinschaften, mit denen gemeinsame Projekte umgesetzt wurden. So belegen sie ihre Rolle als für alle Bestandteile der Gesellschaft offene Plattform mit Zahlen und Fakten. Eignet sich dieses Modell für die Schweiz? Vielleicht. Doch selbst wenn verschiedene soziale Gruppen ein Museum besuchen, insbesondere im Rahmen von Ausstellungen oder Projekten, die sie spezifisch ansprechen, heisst dies nicht, dass sich diese verschiedenen Gruppen begegnen oder gar einen kulturellen Austausch beginnen.

«GiM – Generationen im Museum» als Premiere

Somit könnte man davon ausgehen, dass das Museum seine Aufgabe für die Besucher im Rahmen einer dreiteiligen Struktur erfüllt. Erstens: Das Museum offeriert ein Angebot, die Besucher können darüber verfügen. Das heisst: Es findet für diejenigen, die mit den Regeln vertraut sind, ein Wissensaustausch zwischen Institution und Öffentlichkeit statt. Zweitens wird eine Zusammenarbeit zwischen der Institution und verschiedenen Besuchersegmenten veranlasst. Letztere beteiligen sich an der Schaffung von Wissen. Der dritte Teil sieht eine zusätzliche Dimension vor: den Austausch zwischen sozialen Gruppen, in diesem Fall zwischen verschiedenen Generationen, zusätzlich zur Interaktion mit dem Museum. Diese mehrteilige Struktur wird von dem Projekt «Generationen im Museum» angeboten. Angesichts seines Umfangs ist es eine Premiere. Die beteiligten Museen wagen die Auseinandersetzung mit der Komplexität der sozialen Beziehungen, ohne dazu verpflichtet zu sein. Sie gehen Risiken ein. Und sie wissen, dass sie sich an grundlegenden gesellschaftlichen Herausforderungen beteiligen.

Museen und ihre Ausstellungen sind im Prinzip bereits Strukturen für den Austausch zwischen Generationen: Die Objekte aus verschiedenen Epochen begegnen sich, Objekte von gestern treffen auf die Blicke von heute. Es ist kein leichtes Vorhaben, dieses Prinzip durch die Zusammenarbeit mit einer vielfältigen Zielgruppe, die Begleitung des Zusammentreffens verschiedener Ansichten, die Kanalisierung gemeinsamer Sichtweisen, die Beobachtung von Unterschieden und die Thematisierung von Spannungen weiterzuentwickeln, um letztendlich das Wissen über das Erbe zu bereichern. Das Projekt «GiM – Generationen im Museum» dient als Versuchslabor. Hier werden eventuelles Unverständnis und mögliche Lösungen getestet, und die Museen bereiten sich auf noch viel grössere zukünftige gesellschaftliche Veränderungen vor. Im Idealfall lernen die Teilnehmenden und die Institutionen, sodass die ganze Gesellschaft gewinnt.

Wagen, ausprobieren, bewerten. Schon allein, weil sie diesen Mut bewiesen haben, kann man den Einsatz der Museen, die sich an GiM beteiligen, nur loben. Gesellschaftliche Veränderungen sind langfristige Prozesse. Die Verständigung zwischen den Generationen muss heute beginnen, um den sozialen Zusammenhalt der Zukunft zu sichern. Hoffen wir, dass das Projekt «GiM – Generationen im Museum» Wellen schlägt. Zuerst in den Museen, die den Schritt gewagt haben, damit sie ihre Bemühungen fortsetzen. Und anschliessend in weiteren Museen und Institutionen. Dieses Projekt und das daraus entstandene Werk können tatsächlich ein Bewusstsein für die Möglichkeiten, die Grenzen und die Herausforderungen der generationsübergreifenden Begegnung rund um das Erbe schaffen.

In der Schweiz gibt es über 1100 Museen. Sie sind auf das gesamte Landesgebiet verteilt und haben jährlich über 18 Millionen Besucherinnen und Besucher. Es gibt genügend Gründe zu der Annahme, dass Museen in der Lage sind, in einer Region, einem Land oder auf einem Kontinent eine Rolle für den sozialen Zusammenhalt zu übernehmen, wenn der Wille vorhanden ist. Dass Migros-Kulturprozent dieses Projekt initiiert hat und finanziell trägt, passt hervorragend und kann gar nicht genug geschätzt werden.

Der Feuergeist hatte die alte Frau am frühen Morgen so erschreckt, dass sie aus dem Haus rannte. Draussen war es noch dunkel, also schlich sie …

Die offene Feuerstelle.
Erzählt von Andreas, 42 Jahre, und Livia, 8 Jahre.
Fortsetzung auf Seite 83

METALL

Museen, die sich des demografischen Wandels annehmen, kommen ihrer sozialen Verantwortung gegenüber der Gesellschaft nach.

Matthias Dreyer, Hannover

Die Zukunft kommen sehen

Museen sehen sich als Dienstleister und als Teil der öffentlichen Infrastruktur gravierenden demografischen Veränderungen gegenüber. Frühzeitig gilt es, diese Entwicklung in die Überlegungen der Ausrichtung und Arbeit der Museen einzubeziehen. Eine lebensphasenorientierte Besucheransprache und -bindung scheinen erfolgversprechende Ansätze zu sein.

Der demografische Wandel ist eine ebenso unbestrittene wie dringliche Herausforderung der Gegenwart; er hat Konsequenzen für alle Lebensbereiche. Auch Kunst und Kultur können sich nicht entziehen. Hier lohnt ein Blick nach Deutschland. Das Thema «Kultur und demografischer Wandel» und speziell das Thema Generationen wurden lange Zeit in Deutschland nicht intensiv behandelt. 2005 hat die Stiftung Niedersachsen hierzu eine erste grössere und international besetzte Tagung veranstaltet. Ab 2005/2006 fand das Thema immer stärkere und breitere Aufmerksamkeit – in der Kulturpolitik, bei den Kultureinrichtungen und Kulturschaffenden in Deutschland. Die Sensibilität hat deutlich zugenommen, eine Vielzahl an Veranstaltungen hat dieses Themenfeld vertieft. Mittlerweile liegen zahlreiche Publikationen vor.

Die Fragen und Handlungsempfehlungen zum Wechselverhältnis zwischen Kultur und demografischem Wandel sind nicht wirklich neu. Denn es gibt keine demografiefreie Zeit! Die Altersstruktur der Bevölkerung verändert sich fortwährend. Aber das Thema hat an Bedeutung gewonnen. Die bekannten Konzepte und Massnahmen müssen neu gesehen werden. In dieser Diskussion lassen sich zwei Blickrichtungen unterscheiden. Kulturpolitisch stehen strukturelle Fragen im Fokus, wie die Überkapazitäten einer dichten Museumslandschaft mit der Verteilung knapper öffentlicher Fördermittel (Dreyer 2011). Auf der Ebene der Kultureinrichtungen werden organisatorisch-konzeptionelle Aspekte aufgegriffen, wie die Veränderungen in der Zusammensetzung der Besuchergruppen und die Konsequenzen für das Leistungsangebot. Dieses Thema verlangt von den Museen einen langen Atem. Sich mit den demografischen Veränderungen auseinanderzusetzen heisst nicht, in Aktionismus zu verfallen. Wesentlich ist die kontinuierliche Berücksichtigung des demografischen Faktors in den Überlegungen der Häuser. Die Wechselbeziehung zwischen Kultur und Demografie ist kein Modethema! Der demografische Wandel wird häufig mit der Kurzformel «älter, bunter, weniger» zusammengefasst. Dies umschreibt die wesentlichen demografischen Trends in Westeuropa: die Alterung der Gesellschaft, die externe und interne Migration sowie die sinkende Bevölkerungszahl. Für die Schweiz benennt das Bundesamt für Statistik die demografische Herausforderung mit folgenden Stichworten und Themen (Bundesamt für Statistik 2004): generelle Alterung der Bevölkerung, Integration der wachsenden Zahl ausländischer Staatsangehöriger und Entvölkerung peripherer Regionen mit einer parallel fortschreitenden Konzentration der Bevölkerung in Grossagglomerationen und deren Umland. Diese Trends führen zu veränderten Rahmenbedingungen für die Nachfrage und das Angebot musealer Leistungen. Dies ist für Entscheidungsträger der Museen, die Kulturpolitik sowie öffentliche und private Kulturförderer gleichermassen relevant. Bei der Erarbeitung von Handlungsempfehlungen ist stets die lokale bzw. regionale Verortung der demografischen Entwicklung zu berücksichtigen. Denn: Die Auswirkungen demografischer Veränderungen sind immer vor Ort spürbar! Situationsanalysen und Massnahmen für Museen können in der Schweiz deshalb nur in Kenntnis der jeweils spezifischen kantonalen Ausgangsbedingungen durchgeführt werden.

Auswirkungen demografischer Veränderungen auf Museen

Allgemeingültige Aussagen zu den Anforderungen, die aus den demografischen Veränderungen für die Museumslandschaft in der Schweiz resultieren, sind nicht möglich. Die Museen unterscheiden sich hinsichtlich ihrer inhaltlichen Schwerpunkte, Zielgruppen und Standorte (Verband der Museen der Schweiz 2013). Alle Faktoren haben grossen Einfluss auf das jeweilige Ausmass der Konsequenzen demografischer Veränderungen.

Drei wesentliche Punkte lassen sich festhalten. Erstens: Besucherkenntnis. Die demografische Alterung der Schweiz wird für die Museen in den kommenden Jahren zu Veränderungen im Nachfrageverhalten der Besucher führen. Da MuseumsbesucherInnen abhängig von ihrem Lebensalter unterschiedliche Bedürfnisse haben, verändern sich die Anforderungen an das Leistungsangebot. Gleichzeitig haben sie je nach Lebensphase unterschiedliche Voraussetzungen, ein Museum zu besuchen oder sich für ein Haus zu engagieren; zum Teil entstehen neue kulturelle Bedürfnisse. Die Kenntnis über die Zusammensetzung und Bedürfnisse ihrer BesucherInnen sollte für Museen bislang schon eine Selbstverständlichkeit sein. Der demografische Wandel verleiht dem Nachdruck. Zweitens: kulturelle Bildung und Vermittlung. In der Diskussion zur demografischen Herausforderung an die Kultur wird stets auf die grosse Bedeutung der kulturellen Bildung und Vermittlung für alle Altersgruppen hingewiesen. In Kindheit und Jugend müssen die Grundlagen zum Besuch von Ausstellungen und zur inhaltlichen Auseinandersetzung gelegt werden, damit auch im Erwachsenenalter Menschen für Museen begeistert werden können. Die kulturellen Einrichtungen müssen dabei einen Spagat meistern: Angebote für den «wachsenden Markt älterer Kulturnutzer» bei gleichzeitiger Sicherung einer schwindenden jungen Besucherschicht. Und drittens: Museumsfinanzierung. Abhängig von der

Entwicklung der Gesamtbevölkerungszahl und der Altersstruktur der Gesellschaft können die demografischen Veränderungen Auswirkungen auf die Museumsfinanzierung haben: direkt bei den Eintrittseinnahmen infolge sinkender Besuchszahlen, indirekt durch einen Rückgang beim Steueraufkommen mit Einschränkungen der öffentlichen Museumsförderung. Ein museales Angebot auf (quantitativ) hohem Niveau steht im zunehmenden Wettbewerb um begrenzte Kulturbudgets.

Lebensphasenorientierte Nutzerbindung

Für Museen ist die Besucherbindung wichtig. Mit Blick auf die Verschiebung der Altersstruktur sollten Museen deshalb eine lebensphasenorientierte Nutzerbindung anstreben: Sie sprechen ihre Besucher bzw. Zielgruppen ausgerichtet an deren Lebensphasen an. Dieser Managementansatz kann beitragen, den Anteil an StammbesucherInnen auszubauen und die Legitimität der Museen gegenüber ihren Partnern und der Kulturpolitik zu stärken (Dreyer/Wiese 2004). Im Zusammenhang mit einer lebenslangen Besucherbindung lassen sich sechs Erfolgsfaktoren kennzeichnen.

Es braucht infrastrukturelle Voraussetzungen. Das heisst: Neben der verfügbaren Zeit und der finanziellen Ausstattung ist die Erreichbarkeit eines Museums bei den Besuchergruppen unterschiedlich ausgeprägt. Dies schliesst die Bewegungsmöglichkeit und Aufenthaltsqualität innerhalb eines Hauses ein. Familien, behinderte oder ältere Menschen haben besondere Anforderungen an die Raumgestaltung. Bauliche Voraussetzungen für diese Besuchergruppen sind ein wichtiges Element für ein demografiefestes Museum. Es bestehen grosse Parallelen zur Barrierefreiheit der Häuser.

Ebenfalls wichtig ist ein lebensphasenorientiertes Leistungsspektrum. BesucherInnen haben je nach Lebensalter unterschiedliche Wünsche und Erwartungen an Museen: bei der didaktischen Aufarbeitung, Präsentation und Vermittlung, bei den Angeboten im Museumsshop oder bei kulturellen Zusatzveranstaltungen. Dies müssen die Museen berücksichtigen. Ein Beispiel ist die steigende Zahl spezifischer Seniorenprogramme.

Offenheit für Themen und Inhalte sind der dritte Erfolgsfaktor. Der Umgang mit den demografischen Veränderungen, mit der Verschiebung der Altersstruktur, aber auch mit den Herausforderungen der Migration setzt eine Offenheit für Themen und Inhalte in den Häusern voraus. Mit vielleicht zunächst ungewöhnlichen oder museumsübergreifenden Inhalten, die sich aktuellen gesellschaftlichen Entwicklungen widmen, kann das Interesse bei Besuchern nachhaltig geweckt werden, die sich bislang nicht angesprochen fühlten.

Das «Lust machen auf Museen» im Kindesalter ist eine Investition, die sich auszahlt! Frühzeitige Verbundenheit ist mitentscheidend. Schafft eine Institution bei Kindern und Jugendlichen mit positiven Eindrücken einen gelungenen Erstkontakt, kann das Haus in der Folge umso leichter Nutzertreue aufbauen. Für diese frühen Kontakte zwischen Museum und jungen Besuchern sollten verschiedene Wege gewählt werden. Neben altersspezifischen Angeboten können Museen auch direkt vor Ort aktiv werden, wie zum Beispiel in Kindergärten oder Vorschulen.

Emotionalisierung trägt zur Bindung und damit zum Erfolg bei. Will heissen: Die besondere Eignung von Museen als Lernort ist unbestritten. Die Verbundenheit mit einem Museum wird aber nicht nur über kognitive Inhalte erreicht. Die individuelle Bindung findet vielmehr auf der emotionalen Ebene statt: das Gefühl, etwas Sinnhaftes erlebt zu haben, oder die angenehme Erinnerung an einen Tag im Museum. Diesem Aspekt kommt bei der Schaffung von Verbundenheit hoher Stellenwert zu.

Nicht zuletzt sind Kooperation und Vernetzung grundlegend. Neue Besuchergruppen zu gewinnen und die BesucherInnen zu binden gelingt effizienter, wenn Museen mit Partnern zusammenarbeiten. Vernetzung umfasst die Kooperation mit Museen, mit anderen kulturellen Einrichtungen und mit anderen gesellschaftlichen Sektoren, wie Bildung oder Soziales. Eine sektorenübergreifende Vernetzung von Museen kann Möglichkeiten und Ansatzpunkte schaffen, BesucherInnen in ihren verschiedenen Lebensphasen anzusprechen und auf Dauer für ein Haus zu begeistern.

Beispiele aus der Museumslandschaft

Museen mit Erweiterungs- und Neubauten können von vornherein bauliche Voraussetzungen für eine barrierefreie und altersgerechte Gestaltung schaffen. Die Kunsthalle Emden beispielsweise hat ihre neuen Räumlichkeiten demografiefest gestaltet. Dies betrifft sowohl die Steh- und Sitzhöhen als auch sanitäre Einrichtungen, Beleuchtungen oder das gesamte Orientierungssystem. Diese baulichen Massnahmen tragen nicht nur zum Wohlfühlen älterer Nutzerinnen und Nutzer eines Hauses bei, sondern steigern für alle Zielgruppen die Besucherfreundlichkeit (Erdwiens 2007).

Spezifische Programme für die Zielgruppen 55 plus oder 60 plus sind in Museen bereits länger etabliert (Gajek 2013). Das Roemer- und Pelizaeus-Museum Hildesheim bietet ab 2014 unter dem Titel «Zeit fürs Museum» ein Programm für die Generation 55 plus an: Kultur, Kaffee und Klönen – in anderen Zeiten und Kulturen wie dem alten Ägypten. Mit einem «Museum der Sinne» bietet das Haus ab 2014 mit einer für körperlich und geistig behinderte Menschen barrierefrei zugänglichen Dauerausstellung einen Überblick über die Inhalte des gesamten Museums (Roemer- und Pelizaeus-Museum Hildesheim 2014).

Einen Schritt weiter beim intergenerativen Austausch geht das Museum Grenzdurchgangslager Friedland bei Göttingen, das 2015 eröffnet wird. Hier ist im Museumskonzept verankert, dass das Museum zum generationenübergreifenden Dialog und Diskurs über Themen wie Flucht, Vertreibung, Migration und Integration als Lern- und Erlebnisort einladen soll (Museum Friedland 2014).

Mit dem Heimaterkundungsprogramm «Communatuen» möchte die Stiftung Niedersachsen erreichen, dass Kinder und Jugendliche ihr unmittelbares Lebensumfeld entdecken und sich mit der Geschichte und Kultur der eigenen Region auseinandersetzen. Ihre Fragen nach örtlicher Zugehörigkeit und die Neugier auf Wissen, Kunst und Kultur wollen geweckt, ernst genommen und gefüttert werden – auch als zukünftige Museumsnutzer (Stiftung Niedersachsen 2014).

Soziokulturelle Zentren, so viel noch zur Ergänzung, haben durch das partizipative Fundament ihrer Arbeit und ihre langjährige Erfahrung in diesem Feld sehr gute Voraussetzungen, demografischen Veränderungen zu begegnen. Mit der Einbindung von Publikum, Zuhörern oder Zuschauern in kulturelle Produktionen schaffen sie die Plattform für Kommunikation, Austausch und Auseinandersetzung. Von diesen Erfahrungen können Museen lernen. Die Landesarbeitsgemeinschaft Soziokultur in Niedersachsen e. V. bietet seit Längerem einen Austausch und Best-Practice-Beispiele zum Schwerpunkt «Kultur und Demografie. Mit Soziokultur den Wandel gestalten» an (Landesarbeitsgemeinschaft Soziokultur in Niedersachsen e. V. 2014 und 2010).

Chancen erkennen, Herausforderungen annehmen

Die beschriebenen demografischen Trends werden Auswirkungen auf die Museumslandschaft in der Schweiz haben. Die Institutionen haben die Möglichkeit, sich darauf einzustellen und die Zeichen der Zeit zu erkennen. Für erfolgreiche Programme und Massnahmen sind frühzeitig die erforderlichen Voraussetzungen zu schaffen.

Museen, die sich in ihrem Leistungsangebot des demografischen Wandels annehmen, kommen auch ihrer sozialen Verantwortung gegenüber der Gesellschaft nach. Die Weiterentwicklung der Zielgruppenorientierung ist angesichts der demografischen Entwicklung ein zentrales Handlungsfeld. Die Stärke der Museen liegt hierbei gerade darin, als multifunktionale Orte des Austausches verschiedene Gruppen zusammenführen zu können: alte und junge Menschen oder Menschen unterschiedlicher ethnischer Herkunft. Diese Chance sollte von den Museen unbedingt genutzt werden!

Literaturhinweise:

Bundesamt für Statistik (2004): *Demografische Entwicklung in den Kantonen von 2002 bis 2040. Nach dem Szenario «Trend» AR-00-2002,* Neuchâtel.

Dreyer, Matthias (2011): *Kultur und demografischer Wandel – Auswirkungen und Handlungsansätze,* in: Rehberg, Karl-Siegbert / Staupe, Gisela / Lindner, Ralph (Hrsg.) (2011): Kultur als Chance – Konsequenzen des demografischen Wandels, Köln, S. 55–66.

Erdwiens, Ilka (2007): *Kunstgenuss statt Shoppingspass? Weshalb Besucher in die Kunsthalle Emden kommen,* in: Kulturstiftung der Öffentlichen Versicherungen Oldenburg (Hrsg.) (2007): kunst_publikum. Dokumentation des Symposions im Stadtmuseum Oldenburg am 4. Mai 2007, Oldenburg, S. 24–29.

Landesarbeitsgemeinschaft Soziokultur in Niedersachsen e. V. (2010): *Demografie und kulturelle Orte – Mit Soziokultur den Wandel gestalten,* Hannover.

Museum Friedland (2014): Museum Friedland – ein Überblick www.museum-friedland.de/portal/live.php?navigation_id=30960&_psmand=1033 (letzter Zugriff 20.03.2014).

Roemer- und Pelizaeus-Museum Hildesheim (2014): *Museum der Sinne. Kultur- und Erdgeschichte barrierefrei erleben!* www.rpmuseum.de/ausstellungen/dauerausstellungen/museum-der-sinne.html (letzter Zugriff 24.03.2014).

Besuchende werden Gäste. Ihr Wissen, ihre Erfahrung interessiert die Gastgeber. Die Museen geben ihre Deutungshoheit letztlich ab.

Franziska Dürr Reinhard, Zürich

Mehr Mut

Wertschätzung und wissenschaftlich sorgfältiger Umgang prägen die Museen. Sie sind Musentempel, Bildungsorte, Vergangenheitsspeicher und Aussichtspunkte in die Zukunft. Um ein Publikum nachhaltig erreichen zu können, muss der Fokus aber vermehrt auf die Besuchenden gerichtet werden. Erst als Gäste fühlen sich Fremde im Museum nachhaltig aufgenommen.

Das griechische Wort «Museum» heisst Musentempel, also das Heiligtum der Musen. Die Musen sind in der griechischen Mythologie die Schutzgöttinnen der Künste, Kultur und Wissenschaften. Der Musentempel ist fernab von Konsum und Trubel. Hier werden Fokussieren und Konzentrieren möglich. Doch worauf?

Kostbare Dinge sind ausgestellt. Sie wollen entdeckt und ergründet werden. «Zeig mir etwas Neues, lass mich teilhaben und staunen. Stell mir das Ultimative vor!», könnten Besuchende sagen. Die sorgsam ausgewählten und präsentierten Objekte lassen teilhaben an Geschichte. Das eigene Dasein scheint plötzlich eingebettet in grosse Zusammenhänge. Zukunft, Vergangenheit und Gegenwart treffen sich. Der Betrachtende wird Teil von etwas, das über das Eigene hinausgeht.

Die Wiege des Museums ist die Wunderkammer. In der Zeit der Aufklärung haben Fürsten Sammlungen mit lehrreichen und exotischen Objekten angelegt. Diese Sammlungen dienten dem Erforschen und Erkennen, ganz im Sinne der aufklärerischen Bildungsidee. Die Objekte wurden kategorisiert, untersucht und ausgestellt. Teil hatten Personen aus ähnlichem Stand wie der fürstliche Sammler selber. Das Museum war eine fürstliche Institution und für den Sammler ein Prestigegewinn. 1753 hat der Arzt und Wissenschaftler Sir Hans Sloan seine umfangreiche Sammlung London mit der Bedingung vermacht, diese öffentlich zu machen und der gesamten Bevölkerung freien Zugang zu gewähren. Kurz darauf wurde das British Museum eröffnet. Das Museum als öffentlicher Bildungsort war erfunden. Die Sammlung dient Bildungszwecken – nicht für die Elite, sondern für alle! Damit war der Grundstein für das Museum als Ort der Volksbildung gelegt. In der zweiten Hälfte des 19. Jahrhunderts wurden viele Museen gegründet. Initianten dafür waren nicht mehr die Fürsten, sondern Historische Gesellschaften, Kunst- oder Kulturvereine. Viele grosse öffentliche Museen wie zum Beispiel das Landesmuseum, Naturwissenschaftliche Sammlungen oder Kunsthäuser wurden durch solche Vereine initiiert. Sie wollten das, was ihnen lieb und teuer ist, der Öffentlichkeit zugänglich machen und Bildung ermöglichen, ungeachtet des Standes. Das Museum wurde eine bürgerliche Bildungsinstitution.

Nach der Mitte des 20. Jahrhunderts begann noch einmal eine neue Museumsära. Mit der rasanten technischen Entwicklung und der damit verbundenen Veränderung des Alltags änderte sich der Blick auf die Dinge. Dorfmuseen und spezifische Sammlungen wurden eingerichtet, um die Geschichte und den Bezug zum Eigenen zu erhalten. Eine Vielzahl von Museen, die mit Engagement und Herzblut Tradition bewahren sollten, wurden gegründet und zeigen regionale Besonderheiten. So betreiben beispielsweise ehemalige Mitarbeitende in Arbon das Saurer Museum. Es zeigt die Geschichte der Firma Saurer, die nach 100 erfolgreichen Geschäftsjahren die Produktion einstellen musste. Viele dieser Museen bewahren eine Vergangenheit, sie sind «Zeitspeicher-Orte». Sie sind eine Art Wurzelpflege: Woher kommen wir? Was ist unser Erbe?

Von der Kunstkammer zum öffentlich genutzten Ort

Das Museum als Ort der Volksbildung und Wurzelpflege – ist diese Idee geglückt? Sind die Museen zu Bildungsstätten geworden und vermitteln sie unser kulturelles Erbe? Der Blick auf die Museumsstatistik der Schweizer Museen von 2009[1] zeigt: Die rund 1100 Museen der Schweiz werden jährlich von rund 18 Mio. Menschen besucht. Jeder zweite Bewohnende unseres Landes geht durchschnittlich gut zweimal pro Jahr in ein Museum. Kunsthäuser sowie Botanische und Zoologische Gärten verzeichnen mehr als die Hälfte der Besuchenden. Wenige grosse Museen haben viele Besuchende. Mehr als ein Drittel der Museen haben weniger als 1000 Besuchende im Jahr. Ein Viertel alle Museumsbesuchenden sind laut Statistik jünger als 16 Jahre. Viele Schulklassen gehen ins Museum. Dieser Tatbestand müsste bewirken, dass, wer in der Schule das Museum auf eine überzeugende Art kennengelernt hat, später wiederkommt. Die statistische Kurve müsste steil ansteigen. Leider ist dem nicht so. Seit 2009 wurden nicht mehr, sondern 1,8 % weniger Besuchende gezählt.

Warum steigen die Besuchszahlen trotz grosser Bemühungen und Investitionen in Marketing und Medienarbeit nicht? Warum werden Museen nicht – wie im angelsächsischen Raum – von der breiten Bevölkerung genutzt? Dafür wäre ein grundlegendes Umdenken notwendig. Die Museen müssten mindestens so viel Energie, Kraft und Sorgfalt in die Öffnung und niederschwellige Nutzung ihrer Häuser investieren wie in die Forschung und Bewahrung. Das Ziel muss sein, das Elitäre der Wunderkammer in der Qualität der Ausstellungen beizubehalten und gleichzeitig die Öffnung zu schaffen und zum Bildungsort zu werden, wo die breite Bevölkerung in grosser Selbstverständlichkeit hingeht.

1 Statistik Museen, David Vuillaume, VMS/ICOM

Noch immer wird der grösste Teil des Museumsbudgets für Inventarisierung und fachgerechte Ausstellungen eingesetzt. Die Vermittlung ist ein marginaler Bestandteil. Sie orientiert sich zudem am Fachwissen des Museums. Selbstredend richten sich klassische Führungen und Kataloge an ein Fachpublikum. Wer nicht schon vorher zum Fach- und Stammpublikum gehört, wird es durch diese Wissensinputs auch nicht werden. Es reicht nicht, klassische Führungen, Saaltexte, Infotafeln und Audioguides anzubieten. Viele bisherige Massnahmen richten sich an Museumsbesuchende, die den Weg ins Museum bereits kennen. Das Potenzial der möglichen Besuchenden reicht jedoch weit über das Fachpublikum hinaus. Wer sich mehr am Fachwissen und nicht am Publikum und dessen Interesse orientiert, erschliesst keine neuen Publikumssegmente. Den Noch-nicht-Besuchenden gilt es das Museum und dessen Inhalte schmackhaft zu machen, respektive in adäquater Weise vorzustellen, damit Interesse entstehen kann.

Auch der Begriff «Xenos» ist griechisch und bedeutet: «Fremder» und «Gast». In dieser Doppelbedeutung soll das Wort im Museum verstanden werden. Aus Fremden sollen Gäste werden, die sich für die Museen und deren ausgestellte Kulturgüter interessieren. Dieses Vertrautwerden und Sichverbinden kann gefördert werden. Das verlangt, Vermittlung neu zu denken: Der Seitenwechsel ist dafür die Grundlage und bedingt, sich vorzustellen, was es heisst, das erste Mal ein Museum zu besuchen und sich darin wohl zu fühlen. Das Museum muss sich für Besuchende und ihren Erfahrungshintergrund interessieren. Was lockt einen Teenager, den Bewohner eines Altersheims, eine Bankangestellte? Wie kann ihr Interesse mit den Inhalten des Museums verknüpft werden? Gäste wollen sich einbringen. Es ist ein Nehmen und Geben. Die beziehungsbildende Kommunikation beginnt nicht beim Objekt, sondern bei den Gästen. Das Ausgestellte ist Kommunikationsanlass und bietet den gemeinsamen Ausgangspunkt für Begegnung und Auseinandersetzung. Für alle Beteiligten wird klar, es geht um Begegnung auf Augenhöhe.

Interesse am Gast verändert Voraussetzungen

Mit dem Projekt «GiM – Generationen im Museum» haben 31 Museen einen Schritt in eine neue Richtung getan. Neu ist, dass die Besuchenden nicht belehrt werden, sondern gleich zu Beginn eingeladen sind, sich aktiv zu beteiligen. Im Zentrum steht der Austausch rund um ein von ihnen gewähltes Objekt. Sie assoziieren und betten das Museumsobjekt ins eigene Erfahrungsfeld ein. Besuchende werden dadurch zu Gästen. Ihr Wissen, ihre Erfahrung interessiert die Gastgeber. Die Museen geben ihre Deutungshoheit ab. Mit diesem simplen Vorgehen werden die Voraussetzungen verändert. Das Museum ist Gastort und verlässt die Position der Wissenshochburg, wo nur Zutritt hat, wer zu den Eingeweihten gehört. Das Museum wandelt sich von der Wunderkammer zur Begegnungsstätte. Die Gäste könnten wiederkommen, weil sie im Museum etwas Eigenes entdeckt und Beziehung geschaffen haben. Das Museum ist ideal für solche Begegnungen. Jedes Objekt ist einzigartig, sorgfältig ausgewählt und ausgestellt. Dies bewirkt Aufladung. Es verstärkt die Bedeutung der Objekte und prädestiniert sie zum Erfinden von Geschichten. Durch die

Aufgabe, etwas auszuwählen, wird das Interesse der Betrachtenden erfragt. Für einmal ist es nicht die Fachsicht, welche die Wichtigkeit festlegt, sondern der Erfahrungsschatz oder der Geschmack der Gäste. Beim Erfinden der Geschichte wird ihre Beobachtungs- und Assoziationsleistung gefragt. Das Objekt wird eingekreist, Wahrnehmung wird in Worte gefasst und mit dem eigenen Alltag verbunden. Ideen werden gefasst, verworfen und daraus wird etwas Eigenes kreiert. Besuchende machen sich dadurch einen Gegenstand zu eigen und stellen ihn anschliessend der Gruppe vor. Sie zeigen sich und ihr ausgewähltes Objekt. Das Interesse ist geweckt, und die ergänzende, von der VermittlerIn angefügte Fachsicht zum gewählten Objekt stösst auf Interesse. Wissen ist nicht mehr belehrend, sondern baut eine Brücke zum Thema, das die Gäste gewählt haben. Auch die aktuelle Bildungsforschung belegt, dass die Basis des eigenen Lernens im Schaffen von Interesse besteht. Das Wissen um ein Objekt trifft nach dem Geschichtenerfinden auf offene Ohren und Neugierde, weil ein Bezug vorhanden ist. Die Besuchenden werden darin bestätigt, dass sich das Vertiefen gelohnt hat, dass ihre Geschichte und das Fachwissen sich ergänzen und sie einander zugearbeitet haben.

Mit dieser oben beschriebenen Anlage gehen die Besuchenden voran. Sie bestimmen, worüber gesprochen wird. Von den VermittlerInnen fordert das gleichzeitig Moderationsfähigkeit, schnelles Reagieren und Empathie. Der sichere Boden wird zugunsten der Interessensnachfrage aufgegeben. Gleichzeitig aber wird das Gefälle kleiner. Die Gäste haben zuerst das Wort, bestimmen den Ablauf durch ihre Wahl der Objekte, und die Museumsfachleute reagieren darauf. Ihr Fachwissen dient der Vertiefung dessen, was von den Gästen ausgewählt wird. Das lässt sich nicht so einfach vorbereiten, sondern erfordert ein kompetentes, abrufbares Wissen oder das Eingestehen, dass gewisse Sachlagen nicht bekannt sind. Die Vorzeichen sind für alle gleich. Die Bedenken seitens des Museums wegen Kontrollverlust sind berechtigt und machen – wie die Erfahrung zeigt – am meisten Angst. Doch die Rückmeldungen zu den Veranstaltungen sind motivierend. Viele an GiM beteiligte Museen berichten von einer letztlich heiteren, überraschend ungezwungenen Atmosphäre. Die Museen werden zu Plattformen, die nebst ihrem Fachwissen, das sie sich in vielen Jahren erarbeitet haben, Kommunikation, Begegnung und Beziehung ermöglichen. Dies hallt nach.

Die Ernte

Wie übermitteln, wie Einblick geben? Jede dieser bereichernden Veranstaltungen im Museum, in welcher eifrig Geschichten erfunden wurden, wäre längst verklungen und nicht mehr (mit)teilbar. Deshalb haben wir darum gebeten, die Geschichten aufzuschreiben, und jede Veranstaltung durch FotografInnen begleitet. Ein Blog sammelt nun die Geschichten und Bilder.[2] So können auch Nichtbeteiligte teilhaben. Der GiM-Blog bietet

2 www.gim-geschichten.ch Blog mit den Museumsgeschichten

einen umfangreichen Einblick in die Museen. Er ist ausserdem Wertschätzung für jede beteiligte Person und jedes Museum. Die Sammlung der Geschichten ist ein einmaliges Zeitdokument. Durch das Verlinken der Geschichten auf die Webseiten der Museen erhalten die erzählenden Museumsgäste einen Auftritt in der Museumslandschaft. GiM ist eine Pionierleistung, erbracht zusammen mit 31 Museen. Gemeinsam wurde der Paradigmenwechsel erprobt. Gäste sind vorangegangen mit ihren Geschichten. Es hat sich gezeigt, dass es möglich ist, die Besuchenden zu Gästen werden zu lassen. Es war ein Anfang. Ein guter Anfang.

31 Museen geben Einblick: Im Zentrum stehen ihre «GiM live-Veranstaltungen» und die Geschichten der Gäste. Generationen-Teams haben diese Geschichten zu ihrem ausgewählten Museumsobjekt erfunden und in der Gruppe erzählt. Mehr Geschichten auch auf www.gim-geschichten.ch

«Therese und ich haben zusammen eine Geschichte zu einem Eispickel und einem Melkstuhl erfunden. Es hat Spass gemacht, und Therese ist sehr nett.»

Lynn, 10 Jahre

«Ich bin Samira, bin neun Jahre alt und ich fahre jeden Winter Ski.» – «Ich bewege mich sehr gerne in den Bergen. Seit ich älter bin, wandere ich am liebsten.» Im Alpinen Museum ist bereits bei der Vorstellungsrunde klar, dass Berge alle Generationen faszinieren. Bei GiM machen Mitglieder einer der letzten SAC-Frauensektionen, die Sektion Jorat, Kinder einer Schulklasse und Bekannte mit. Die TeilnehmerInnen suchen in Zweiergruppen ein Objekt aus der Sammlung des ALPS aus und erfinden dazu eine Geschichte. Nach einer Pause mit Kaffee, Sirup und Kuchen werden die Geschichten erzählt und eine Postkarte zum Thema der Geschichte gestaltet.

Lucia Reinert, Vermittlerin

Alpines Museum der Schweiz

Das Alpine Museum steht mitten in der Gegenwart. Seine Themen sind Identität, Mobilität, Tourismus, Tradition und Innovation, Kultur und Natur. Das Alpine Museum ist eine Plattform für Dialog und Orientierung. Zudem sammelt das ALPS seit seiner Eröffnung im Jahr 1905 Objekte rund um die Bergwelt und beherbergt heute eine vielfältige und reichhaltige Sammlung von touristischen Bildwerken und Karten über alpinistisches Gebrauchsmaterial bis zu Landschaftsreliefs, Fotografien und Kunst.

Seil ▸

Über 50 Seile lagern im Depot des Alpinen Museums. Dieses grünschwarze Kletter- und Gletscherseil wurde speziell für die Armee hergestellt. Das Bergseil gewinnt am Ende des 19. Jahrhunderts immer grössere Bedeutung. Die Bergführer sichern ihre Kunden, und die führerlosen Bergsteiger benutzen es vor allem, um sich das Abklettern zu erleichtern. Die ältesten Seile in der Sammlung des ALPS stammen aus den 1860er-Jahren.

Seil (Armee)
Länge: 50 m

Ein Seil als Lebensretter

Ein Seil rettete Peter einmal das Leben. Er war auf einer Skitour am Mittelallalin unterwegs, als er bei der Abfahrt mit den Skispitzen in eine Gletscherspalte geriet. Da die Ski länger waren als die Spalte breit, stürzte er nicht ab, sondern konnte sich über der Spalte schwebend hinten auf seine Ski setzen und auf Rettung warten. Von seinen Kollegen wurde ihm dann über die Entfernung von zehn Metern ein Seil wie ein Lasso zugeworfen. So wurde Peter befreit. Als Peter nach der Rettung eine Tasse Tee trank, zitterten seine Beine wie verrückt.

Peter, 79 Jahre, und Pema, 10 Jahre

«Stooooop! Aufhören! Ansonsten müssen wir das Museum abreissen und neu bauen! Die Behauptungen der Geschichtenerzählenden erzeugten eine neue Realität im Museum! Plötzlich war ich sehr irritiert und konnte Wahrheit und Erfindung nicht mehr auseinanderhalten.»

Pius Tschumi, Kurator Bahnmuseum Albula

An einem schönen Frühsommertag starten wir in Bergün mit einem Picknick auf der Wiese. Die Teilnehmenden erfinden «Geschichten aus dem Bahnwagen» zu den Sammlungsgegenständen. Bereits kurz darauf hören wir die unglaublichsten Geschichten: Da werden Objekte stockwerkübergreifend zu einer Geschichte verbunden, Fotos mit dem lokalen Zeitgeschehen vermischt und wilde Zusammenhänge behauptet. Die Geschichten sind verwirrend und fantasievoll und vor allem auch amüsant. Inwieweit sie mit der Realität zu tun haben, lassen die Erzählenden offen. Der Anlass endet in einem Zvieri auf dem Platz der Bahnfreunde unter Bergüner Sonne.

Nora Hauswirth, Vermittlerin

Bahnmuseum Albula Bergün

Das Bahnmuseum Albula entführt Familien, Kulturinteressierte und Eisenbahnfans auf eine Reise von der Vergangenheit in die Gegenwart. Die Geschichte der spektakulärsten Bahn der Schweiz wird in Bergün im ehemaligen Zeughaus eindrücklich erlebbar gemacht. Auf drei Stockwerken und auf einer Ausstellungsfläche von rund 1300 m² wandern Besuchende durch Täler und Tunnel, erfahren von Pioniertaten rund um den Bau der Albulalinie oder hören Erzählungen von ehemaligen RhB-Mitarbeitern.

Speisewagen-Fragment WR 3813 ▸

In den 20er-Jahren reisten reiche Mailänder mit der Berninabahn nach St. Moritz. Die noblen Herrschaften waren es sich gewohnt, ihr Mittagessen zwischen 13 und 14 Uhr einzunehmen. Das Bahnmuseum Albula hat die Küche des ehemaligen Speisewagens WR 3813 in dem Zustand gelassen, wie er 1987 abgestellt worden ist. Die historisch interessante Küche landete nach einer abenteuerlichen Odyssee letztendlich 2009 im Bahnmuseum Albula. Noch heute fahren alte Speisewagen auf der Strecke Chur–St. Moritz und verwöhnen die Gäste kulinarisch. So zum Beispiel im luxuriösen Speisewagen aus der Zeit der Belle Epoque.

Speisewagen-Fragment WR 3813
Einbauküche aus Holz, Metall

Speisewagen

Es war einmal eine Köchin in einem Speisewagen. Sie war es leid, immer Ochsenfleischbüchsen zu öffnen. Eines Tages zog sie bei der Durchfahrt in Filisur die Notbremse, kletterte aus dem Fenster, lief in den Wald und stiess dort auf ein Feld mit Steinpilzen. Sie sammelte die Pilze ein und kehrte zurück zum Zug. Schon von Weitem sah sie, wie die Leute aufgeregt um den Speisewagen herumstanden. Ein grosser Stein war vom Berg runtergedonnert und hatte die Küche zerstört! So wurden die Pilze auf dem Feuer in der Dampflok gekocht und den Gästen der 3. Klasse serviert.

Anna, 36 Jahre, und Helen, 51 Jahre

«Gegenüber dem Wunder der Natur fühlt man sich als Mensch klein.»

Marie, 16 Jahre, und Erwin, 70 Jahre

Eine Gruppe trifft sich im Museum an der ETH Zürich. Es sind SchülerInnen der Rudolf Steiner Schule und Erwachsene. Ausserhalb der Öffnungszeiten ist es ruhig im Museum und in der sonst so betriebsamen Hochschule. Je zwei Personen, die sich nicht kennen, bilden ein Team und gehen auf Entdeckungsreise. Die geologischen Schätze wecken schnell Emotionen und Erinnerungen.

Bettina Gutbrodt und Claudia Bieler, Vermittlerinnen

*focus*Terra – ETH Zürich

*focus*Terra, das erdwissenschaftliche Forschungs- und Informationszentrum der ETH Zürich, erklärt Hintergründe und komplexe Vorgänge in und auf unserem Planeten. Es wird gezeigt, wie Erdbeben entstehen, was Vulkane ausbrechen lässt, woher Edelsteine stammen, was Fossilien über den Ursprung des Lebens erzählen und wie die Alpen entstanden sind.

Klangspiel mit 12 Gesteinsplatten ▸

Mit einem Xylophon-Schläger können 12 verschiedene Gesteinsplatten zum Klingen gebracht werden. Jedes Gestein erzeugt einen anderen Klang in der Tonleiter. Einige Gesteine klingen kaum, sind dumpf, wirken fast stumm. Der Ton einer Steinplatte entsteht dadurch, dass sich der Stein beim Anklopfen sehr schnell verbiegt und hin und her schwingt. Je schneller diese Schwingungen sind, desto höher ist der Klang. Entscheidend für den Klang ist auch der Zusammenhalt der einzelnen Mineralkörner, welche das Gestein bilden.

Klangspiel mit 12 Gesteinsplatten
Drei Marmore, Gneis, Granit, Sandstein, drei Kalksteine, Phyllit, Meta-Rhyolith, Konglomerat
Schläger für Klangerzeugung
Aufhängung: Holzplatten und Gummibänder

Weshalb Steine klingen

Es war einmal ein Stein. Er begann während eines Erdbebens zu klingen. Als es aufhörte, verstummte er. Er bat den Menschen um ein neues Erdbeben. Doch der Mensch konnte keines erschaffen. Aber er schlug auf den Stein und brachte ihn so zum Klingen. Unter den 12 Steinen entstand ein Wettbewerb um den schönsten Klang. Die Steine sangen zusammen ein 12-stündiges Lied.

Andrea, 41 Jahre, und Beneon, 14 Jahre

«Die Fotos haben viele Erinnerungen geweckt – positive wie negative. Die Zeitzeugen haben uns an ihren Geschichten teilhaben lassen, und ganz nebenbei wurde viel über die tschechische Küche gesprochen.»

In der Ausstellung «Iren Stehli – So nah, so fern» treffen sich Menschen im Alter von 11 bis 82 Jahren, geboren in der ehemaligen Tschechoslowakei oder in der Schweiz. Gemeinsam setzen sie sich mit den Bildern von Iren Stehli auseinander, die seit Mitte der 70er-Jahre in Prag entstanden sind. Sie begeben sich auf eine Reise in die Vergangenheit und berichten von ihren Kindheitserinnerungen oder den persönlichen Umständen der Ausreise. Beim Mittagessen werden weitere Geschichten erzählt und Fragen gestellt. Zum Abschluss fotografieren sich die Teams mit Polaroidkameras und nehmen ihre Generationenbilder als Erinnerungsfotos mit nach Hause.

Fanny Vogler, Vermittlerin

Fotostiftung Schweiz

Seit 1971 setzt sich die Fotostiftung Schweiz in Winterthur für die Erhaltung, Erforschung und Vermittlung von Werken Schweizer Fotografinnen und Fotografen ein. Die Sammlung umfasst ca. 50 000 Ausstellungsprints, 250 000 Archivabzüge sowie über eine Million Negative bzw. Dias. Mit drei bis vier Ausstellungen pro Jahr und eigenen Publikationen stellt die Fotostiftung Schweiz regelmässig historische oder aktuelle Positionen der Schweizer Fotografie vor.

Sláma, der Schneider ▸

«Den Schneider Sláma habe ich im Prager Quartier Žižkov kennengelernt. Er trug einen senfgelben Langhaar-Mantel aus Kunststoff und einen dazu passenden Hut. Er war klein und rund wie eine Kugel. Sláma bewohnte einen einzigen Raum, den seine Nähmaschine und sein Schneidertisch mit Bügelbrett dominierten. Hier spielte sich sein Leben ab; hier empfing er sein Klientel, die Leute aus dem Quartier. Er war nicht nur Schneider, sondern auch begeisterter Tänzer», schreibt Iren Stehli. Die Schweizer Fotografin reist seit Mitte der 1970er-Jahre nach Tschechien und setzt sich mit dem Leben der Menschen auseinander. In der ihr fremden und zugleich vertrauten Stadt Prag fotografierte sie über Jahrzehnte hinweg Geschichten des Alltags. Ihre Bilder sind Zeitdokumente.

aus der Serie
Sláma, der Schneider,
1976–1981
Iren Stehli (*1953)
Silbergelatineabzug

Herr Stroh, der Tänzer

Leidenschaft fürs Tanzen, Essen, Trinken, Chaos und Leben. Ein Leben ohne Rauchen ist gut (und gesund). Leben mit Bier ist noch besser (und gesünder). Leben mit Wein ist am besten. Am besten hat mein Herz meine Füsse geführt, wir waren eine Einheit. Die Einheit der Tanzpartner hat geholfen, die täglichen Probleme zu vergessen. Ich vergesse nie, mein Bier auszutrinken – es wäre schade (ökonomischer Nationalschaden).

Ernst Peter, 64 Jahre, Alice, 43 Jahre, und Georg, 82 Jahre

«Sonst hat man immer das Gefühl, man müsse alles ansehen. Heute haben wir uns auf fünf Häuser konzentriert, und das hat mir gefallen.»

Irene, 51 Jahre

Beim Generationenprojekt erhält die Fantasie eine Stimme, und die Jüngeren kommen gleichberechtigt mit den Erfahreneren zu Wort. Was erzählen Küchen, Kammern, Keller und Stuben in Häusern, die von ihren ursprünglichen Standorten im Tessin, in Fribourg oder im Waadtland auf den Ballenberg gezogen sind? Eine bunt zusammengewürfelte Gruppe aus nah und fern erkundet am Vormittag paarweise Gebäude und Räume und lässt sich zu kurzen Geschichten inspirieren. Das auf dem Feuer im Haus von Tentlingen zubereitete Mittagessen sowie der fruchtige Nachtisch geben Kraft, um die Geschichten am Nachmittag unterhaltsam darzubieten.

Susanne Kudorfer und Stefan Seiler, VermittlerInnen

Freilichtmuseum Ballenberg

Das Schweizerische Freilichtmuseum Ballenberg ist eine private Stiftung mit dem Ziel, traditionelle ländliche Bauten samt ihren typischen Einrichtungen zum Wohnen und Arbeiten aus allen Landesteilen der Schweiz zu sammeln, erforschen, erhalten und vermitteln. Der Ballenberg ist ein lebendiges kulturelles Zentrum mit Veranstaltungen, Kursen, Ausstellungen und Publikationen. Ein Grossteil der Gäste im Freilichtmuseum sind Familien. Dialoge zwischen Generationen finden laufend statt. Gruppen erhalten auf Führungen oder in Aktivprogrammen Informationen zu Bauformen und -techniken, Lebensumständen, Bräuchen und Handwerken.

Wohnhäuser aus Cugnasco, TI ▸

Der älteste Teil dieses Gebäudekomplexes wurde 1740 als einfaches Turmhaus erstellt, das anschliessend zweimal erweitert wurde. Der Teil von 1860 ist ein Doppelwohnhaus mit zwei Wohnküchen im Erdgeschoss und zwei Schlafräumen im Obergeschoss. An den Wänden dieser Räume sind sehr viele Heiligenbilder ausgestellt, ebenso findet man an den Eingängen Weihwasserbehälter. Bis ins 20. Jahrhundert war das Leben der Bewohnerinnen und Bewohner entbehrungsreich und geprägt von harter Arbeit.

Wohnhäuser aus Cugnasco, Tessin, um 1740, 1770 und 1860

Die fromme Mutter

Im Haus der Familie Rovere hingen überall Heiligenbilder und Weihwasser-Geschirre. Mama Rovere betete immer. Eines Sonntags kam kein Pfarrer für die Messe. Nach einer halben Stunde verliessen die Leute die Kirche. Die Kinder waren überglücklich, als der Vater sie in ein Grotto einlud. Abends betete die Mutter mit der Familie jedoch eineinhalb Stunden lang. Die Kinder dachten: «Madonna! Hoffentlich ist der Pfarrer nächste Woche wieder da.»

Andrin, 11 Jahre, und Irene, 51 Jahre

«Es war ein schönes und sinnvolles Ereignis, das Alt und Jung gleichermassen in den Bann gezogen und zum Wiederkommen angeregt hat. Altes Wissen und junge Fantasie haben sich gepaart.»

Kinder der Gesamt-Primarschule Frauenkirch haben die Sache selbst in die Hand genommen und in ihrem Umfeld im Dorf ältere Bekannte angefragt und persönlich eingeladen. Die fünf befreundeten und museumsbegeisterten Mädchen kennen einander aus der Schule und die ältere Generation aus dem kleinen gemeinsamen Wohnort. Voller Tatendrang treffen sich Schülerinnen der Gesamtschule und die von ihnen eingeladenen Erwachsenen. Darunter sind: ein pensionierter Posthalter, eine pensionierte Postangestellte, eine Übersetzerin, ein Bildhauer und eine Modedesignerin. Von Beginn an ist die Stimmung sehr gelöst, und an Ideen für Geschichten mangelt nicht. Die heimelige Atmosphäre des alten Hauses gibt dem Anlass eine ungezwungene Atmosphäre.

Barbara Ryf-Wehrli und Helene Elmer, Vermittlerinnen

Heimatmuseum Davos

Das Heimatmuseum vermittelt ein lebendiges Bild der Entwicklung von Davos vom Bauerndorf zum Kur- und Sportort und zur Kongress-Stadt. Es ist im Grossen Jenatschhaus untergebracht, einem alten Patrizierhaus aus dem 16. Jahrhundert. Die reichhaltige Sammlung umfasst möblierte Interieurs der Bauern und Patrizier der Landschaft Davos, deren Hausrat, landwirtschaftliche Geräte und Werkzeuge. Zur Museumsanlage gehören eine noch betriebsfähige alte Kornmühle, ein Kornspeicher und eine Remise mit alten Fahrzeugen.

Offene, gemauerte Feuerstelle ▸

Diese grosse, offene Feuerstelle wurde bei der Errichtung des Hauses für die Küche eingebaut. Ein riesiger Kamin diente als Rauchabzug und zum Räuchern von Fleisch, Fisch und Würsten. Speziell an dieser Feuerstelle ist der dazugehörige «Cessiture», der Kesselturm. Ein drehbarer Holzpfosten mit einem seitlich angebrachten Schwenkarm, an welchem der grosse Kupferkessel aufgehängt war, konnte so über das Feuer gedreht werden. Das brauchte nur wenig Kraft und war daher eine Erleichterung für die Hausfrau.

Offene, gemauerte Feuerstelle mit Kamin und Schwenkarm, um 1560
Steine, Mauerwerk, Holz und Metall

Die offene Feuerstelle

Der Feuergeist hat die alte Frau am frühen Morgen so erschreckt, dass sie aus dem Haus rannte. Draussen war es noch dunkel, also schlich sie vorsichtig zurück ins Bett und zog die Decke über den Kopf. Das Kind erwachte wegen dieses Tumultes und stand auf. Die alte Frau erschrak wieder und stellte das Radio ganz laut. Das Kind entdeckte den kleinen Feuergeist, verkleidete sich auch als Geist und erschreckte ihn. Vor lauter Schrecken erlosch der Feuergeist und es war Ruhe im Haus. Von nun an konnten die alte Frau und das Kind in aller Ruhe frühstücken.»

Andreas, 42 Jahre, und Livia, 8 Jahre

«Als Pionierinnen haben wir den Anfang der «GiM live-Veranstaltungen» gemacht. Unser Lohn waren würzige Geschichten. Den Kuchen hat eine Nachbarin gebacken, und die Leporellos wurden wie Trophäen nach Hause getragen.»

Freunde von Creaviva haben sich gemeinsam oder in Begleitung, mit jeweils 15 Jahren Altersabstand, angemeldet. Sie kennen alle das Zentrum Paul Klee, weil sie hier seit vielen Jahren regelmässig Freiwilligenarbeit leisten oder mit Angestellten von Creaviva verwandtschaftlich verbunden sind. So ist der Kontakt schnell geknüpft, und der Austausch über Werke und Inhalte steht im Zentrum.

Katja Lang und Verena Wyss, Kunstvermittlerinnen

Zentrum Paul Klee, Creaviva

Das Zentrum Paul Klee wurde 2005 von Renzo Piano entworfen. Der Architekt liess sich von den Hügeln der Umgebung inspirieren. Das Zentrum würdigt Klee als Musiker, Naturwissenschaftlicher und Künstler. Der Stifter und Sammler Maurice E. Müller ermöglichte den Bau des Hauses. Das Museum zeigt Werke von Paul Klee, oft auch in Wechselausstellungen von zeitgenössischer Kunst. Ein wichtiger Teil ist das Kindermuseum Creaviva mit seinen Ateliers und Workshops.

Insula dulcamara ▸

Das Bild ist ein Spätwerk Paul Klees. Er malt schwarze, dicke Zeichen und hat eine eigene Formsprache erfunden, die auf seinen Aufenthalt in Ägypten zurückgeht. Die Zeichen zeigen Formen wie eine Schlange, einen Elefantenrücken, Buchstaben und Zahlen. Der Künstler Paul Klee ist in Bern aufgewachsen und studierte in München. Mit Künstlerfreunden reiste er nach Italien, Paris, Tunesien. Er war Meister am Bauhaus, einer Kunstschule in Deutschland. Anhand eigener Werke zeigte er den Studierenden, was er unter Kunst verstand. Im Nationalsozialismus wurden seine Werke als entartete Kunst beschlagnahmt. Klee zog 1934 in die Schweiz, wo sein Spätwerk entstand.

Insula dulcamara, 1938
Paul Klee (1879–1940)
Öl auf Leinwand

Schatzsuche

Das Bild zeigt den Plan einer Schatzsuche. Oben links beginnt es. Und die Schatzsuche findet innerhalb des Zaunes statt. Es gibt drei Hügel: Der erste ist breit und hat zwei Augen. Der zweite ist hoch und der dritte klein. Das könnte das Zentrum Paul Klee sein. Das ganze Bild ist ein Irrgarten. Der Schatz liegt beim roten Punkt rechts.

Liselotte, 70 Jahre, und Jael, 12 Jahre

«Alle Teilnehmenden haben ein Stück ihrer eigenen Geschichte preisgegeben und etwas voneinander erfahren. Als wären wir in einen Zug gestiegen, hätten gemeinsam eine Strecke zurückgelegt und wären an derselben Haltestelle ausgestiegen, ohne zu wissen, wann und ob man sich wieder begegnet.»

Schreinerlehrlinge, Primarschulkinder, Skilehrer, Architekt und Mitarbeitende des Kirchner Museums und der Bibliothek in Davos nehmen an der Veranstaltung teil. Die meisten kennen sich nicht. Die Nervosität in den Zweierteams legt sich rasch. Ganz selbstverständlich streifen sie durch die Ausstellung. Das Auswählen eines Werkes und das Erfinden der Geschichte ist ruhig und heiter zugleich. Beim Abschluss äussern sich die Gäste erstaunt, wie einfach es ist, spontan eine Geschichte zusammen mit einem vorerst unbekannten Menschen zu erfinden. Die Jüngsten beschliessen, beim Apéro ein Bild für ihre PartnerInnen zu malen, um es ihnen zu schenken.

Inge Sadovsky, Kunstvermittlerin

Kirchner Museum

Das Kirchner Museum Davos ist ein Kunstmuseum. Wechselausstellungen nehmen Bezug auf die Werke von Ernst Ludwig Kirchner. Ihm ist das Museum gewidmet. Es zeigt vor allem diejenigen Werke, die in Kirchners Davoser Zeit, zwischen 1918 und 1938, entstanden sind. Das Kirchner Museum Davos konzipiert zwei Sonderausstellungen pro Jahr, die das Werk E. L. Kirchners in einen neuen Zusammenhang bringen, wie etwa die Ausstellung «Georg Baselitz Besuch bei Ernst Ludwig».

Pathos Reitet ▸

Das Gemälde nimmt ein bekanntes Motiv auf, das Ernst Ludwig Kirchner gemalt hat: Drei Frauen nebeneinander stehend. Das Bild von G. Baselitz ist riesig. Der Künstler malt seine Bilder auf dem Fussboden. Er geht über die Leinwand, darum sind Fuss- und Schuhabdrücke zu erkennen. Ende der sechziger Jahre begann Georg Baselitz, seine Bilder kopfüber zu malen (upside down). Betrachtende fokussieren weniger das einzelne Motiv, sondern die Form und Farbe insgesamt.

Pathos Reitet, 1996
Georg Baselitz (*1938)
Öl auf Leinwand

Baselitz im Stress

Baselitz ist ein fröhlicher Mensch und verbringt mit seinen drei Freundinnen aus gutem Haus ein lustiges Leben. Eines Tages wird es ihm zu viel. Er beschliesst zu fliehen. Die vorher sehr bunten Frauen werden grau. Der Maler flieht auf seinem Pferd über die Berge. Endlich hat er es geschafft, den Frauen zu entkommen. Obwohl er abgekämpft aussieht, ist er erleichtert und froh, die Berge hinter sich gelassen zu haben. Er hat nicht bemerkt, dass sein Pferd weggelaufen ist, und entdeckt das viele Grün, die Farbe der Hoffnung.

Nadin, 23 Jahre, und Hans-Ueli, 63 Jahre

«Ein Junge wollte unbedingt die Geschichte auf Papier bringen. Weil er nicht schreiben kann, überliess er den Text seiner Bekannten und machte eine Zeichnung. Dabei vergass er, dass er ja eigentlich gar nicht gerne zeichnet.»

Tante und Nichte, Patin und Patenkind sowie Vater und Sohn treten eine Zeitreise in die Vergangenheit an. Zusammen erfinden sie Geschichten: von einer kleinen Kegelschnecke, einem gefährlichen T-Rex mit seinen messerscharfen Zähnen und von Höhlenbewohnern, die gerne Tango tanzen. Nach dem Apéro entstehen aus den Geschichten Postkarten, die an Freunde und Familie versendet werden.

Isabelle Stöckli und Nathalie Bossi, Vermittlerinnen

KULTURAMA
Museum des Menschen

Für alle verständlich wird hier Wissen und Wissenschaft über den Menschen vermittelt: Besuchende unternehmen eine Zeitreise zu den Anfängen des Lebens bis zum Homo sapiens. Originale Präparate des Körpers illustrieren das menschliche Leben und seine Entwicklung. Im Erlebnispfad erkunden Gross und Klein mit allen Sinnen die Urzeit und das Wunderwerk Mensch, auch am eigenen Körper.

Tyrannosaurus Rex
Zähne ▸

Der Tyrannosaurus Rex oder König der Tyrannenechsen war einer der grössten fleischfressenden Dinosaurier seiner Zeit. Er lebte in der oberen Kreidezeit und ist als einer der letzten Dinosaurier ausgestorben. Die Zähne verraten viel über die Ernährung dieser Urzeitgiganten. Sie haben unterschiedliche Grössen und können von der Zahnwurzel aus gemessen bis zu 30 Zentimeter lang werden. Die kleineren Zähne dienen als Widerhaken. Tyrannosaurus-Rex-Zähne wuchsen zeitlebens nach, abgenutzte wurden ständig ersetzt. Ob der Saurier nun ein aktiver Jäger war oder sich von Aas ernährt hat, darüber ist sich die Fachwelt noch nicht einig.

Modell einer Zahnreihe des Tyrannosaurus Rex
Originalgrösse

Fleischfresser haben scharfe Zähne

Das sind Saurierzähne! RIESIG! Die müssen von einem Fleischfresser sein, wahrscheinlich einem Tyrannosaurus Rex. Das ist nämlich der grösste und stärkste Saurier. Und er hat ganz scharfe Zähne. Wie kam der nur hierher? Haben Menschen ihn gefangen? Mit einer Axt? Mit Pfeil und Bogen? Nein … Wahrscheinlich haben sie eine Falle gebaut. Ja genau, so muss es gewesen sein.

Luca, 46 Jahre, und Yanick, 5 Jahre

«An einem verregneten Nachmittag reist eine bunte Gruppe im Alter von 9 bis 81 in den heissen Süden, reitet auf einem Wolkenvogel, wandert durch den Alpstein, entdeckt ein verwunschenes Schloss und erlebt einen Salto mit Motorrad.»

Künstler, die schon in der Kunsthalle Ziegelhütte ausgestellt haben, treffen auf Kinder aus der Nachbarschaft sowie auf Verwandte und Bekannte von Mitarbeitenden des Museums. Die Ausstellung «Pendler zwischen den Welten. 100 Jahre Carl Walter Liner» bietet dafür den Rahmen. 2014 wäre der Appenzeller Maler Carl Liner 100 Jahre alt geworden. Ein 100-Jähriger ist zwar nicht dabei, dennoch wird es ein Nachmittag voller Begegnungen – nicht nur zwischen den Menschen unterschiedlichen Alters, sondern auch zwischen ihnen und den Kunstwerken. Die Werke sind schnell ausgewählt, die Gespräche darüber intensiv, die Hände fliegen und zeigen erklärend auf Details, die sich auf den Bildern verstecken. Die Geschichten sind für alle eine Bereicherung.

Daniela Mittelholzer, Kunstvermittlerin

Kunsthalle Ziegelhütte Appenzell

Die in ihrem Kern auf das 16. Jahrhundert zurückgehende Ziegelei wurde 2003 als multifunktionales Kulturzentrum eröffnet. Damit ist ein neuer Treffpunkt für Kunst- und Musikfreunde in Appenzell entstanden. Die Kunsthalle Ziegelhütte gehört zur Stiftung Liner und zeigt in Wechselausstellungen Werke von Carl August und Carl Walter Liner sowie von zeitgenössischen Kunstschaffenden.

Komposition in Gelb, Schwarz, Oliv ▸

Das Bild zeigt ein Spätwerk von Carl Walter Liner. Der Maler gehört zu den ersten gestisch-informellen Malern der Schweiz. Das Erlebnis der rauen und farbintensiven Natur im Mittelmeerraum prägte seine Bildsprache elementar. Bis Ende 1940 malte er fast ausschliesslich Landschaftsdarstellungen und Stadtansichten. Danach fand er immer mehr zur Abstraktion. Der Künstler wurde in Appenzell geboren. Nach einem Aufenthalt in Ägypten studierte er in Paris. Nach 1945 lebte und arbeitete Carl W. Liner in Zürich, Appenzell und Paris, später auch in der Provence.

Komposition in Gelb, Schwarz, Oliv, 1971
Carl Walter Liner
(1914–1997)
Öl auf Leinwand

Sonntagsfahrt im Appenzellerland

Max fährt wie jeden Sonntag mit seinem gelben, schnellen Motorrad von Appenzell nach Eggerstanden, um im Funpark Tricks zu üben. Dort fährt er über Schanzen und Rampen und macht allerhand Verrücktes. Auf dem Bild sitzt Max kopfüber auf seinem Motorrad. Zum ersten Mal schafft er heute sogar einen Salto. Er ist so stolz darauf, dass er sofort nach Appenzell fährt und allen davon erzählt. Seine Freunde feiern ihn und geben eine Runde für ihn aus.

Annina, 27 Jahre, und Laurin, 9 Jahre

«Es hat etwas Befreiendes, auf diese Weise Kunst zu betrachten. Auf unserem Geschichtenrundgang bin ich reich beschenkt worden mit spannenden, bewegenden und sehr persönlichen Geschichten.»

Licht fällt durch die grossen Fenster in den Raum und schafft eine Stimmung, in der sich die Gruppe leicht aufs Geschichtenerfinden einlassen kann. Schwiegermütter, Patenkinder, Töchter und Freunde schwärmen aus, auf eine Reise durch die Kunstsammlung. Sie entdecken in den Bildern berührende und fantasievolle Geschichten, die sie spontan und überzeugend vortragen. Diese Geschichten werden für die Zuhörenden fest mit den Bildern verbunden bleiben. Eigenes Gestalten und hausgemachter Kuchen runden den Morgen ab.

Eveline Schüep, Kunstvermittlerin

Kunsthaus Zürich

Das Kunsthaus Zürich beherbergt eine Sammlung mit Gemälden und Skulpturen aus sechs Jahrhunderten. In der grafischen Sammlung werden ca. 80 000 Aquarelle, Zeichnungen und Drucke und die schnell wachsende Fotosammlung aufbewahrt. Die Ausstellungen widmen sich sowohl den Kunstströmungen vergangener Epochen als auch der Gegenwart. Trägerin des Kunsthauses ist die Zürcher Kunstgesellschaft, die mit über 20 000 Mitgliedern einer der grössten und ältesten Kunstvereine Europas ist.

Brutus entdeckt die Namen seiner Söhne auf der Liste der Verschwörer und verurteilt sie zum Tode ▸

Der hessische Maler Johann Heinrich Wilhelm Tischbein war bekannt mit dem Theologen und Physiognomen Johann Kaspar Lavater und dem Literaturtheoretiker Jakob Bodmer. Von beiden Zürchern erhielt er wichtige Impulse für sein Verständnis der antiken Quellen und der republikanisch-freiheitlichen Gesinnung. Mit der Darstellung von Brutus, der die Namen seiner Söhne auf der Liste der Verschwörer entdeckt und sie zum Tode verurteilt, malte er ein Lehrstück über die Gleichheit aller vor dem Gesetz.

Brutus entdeckt die Namen seiner Söhne auf der Liste der Verschwörer und verurteilt sie zum Tode, 1785/95
Johann H. W. Tischbein
(1751–1829)
Öl auf Leinwand

200 J. v. Chr. in Rom

Familie Caesar isst zu Abend im Restaurant «Zum Colosseum». Nach einem schönen, süffigen Abend bitten sie den Kellner um die Rechnung. Darauf hinkommen sie zur bitteren Erkenntnis, dass sie sich bei ihrem Budget geirrt haben. Schuld waren die vielen Schnäpse. Doch Brutus hat eine Lösung: Zur Verwunderung aller verdonnert er seine zwei kleinen Brüder zwecks Tilgung der Rechnung zum Abwasch.

Kevin, 22 Jahre, und Krisztian, 35 Jahre

«Ich war überrascht, wie rasch sich die Leute mit ihrem Bild identifiziert haben. Das Spielerische hatte dabei ebenso Platz wie Fragen und Unklarheiten, die das Bild hervorrief und denen sich die BesucherInnen stellten.»

Teilnehmende wählen jeweils zu zweit ein Bild aus der Ausstellung «Sesam öffne dich! Anker, Hodler, Segantini ...» mit Meisterwerken der Schweizer Kunst aus der Sammlung der Stiftung für Kunst, Kultur und Geschichte aus Winterthur. Wir erfinden Geschichten, lassen Gedanken schweifen und fantasieren, was die dargestellten Figuren wohl erleben oder denken. Vor den Bildern erzählen alle Geschichten und halten diese nach einem Zvieri in einer Collage schriftlich oder bildlich fest. Die Stimmung ist friedlich und vergnügt.

Magdalena Schindler, Kunstvermittlerin

Kunstmuseum Bern

Das Kunstmuseum Bern ist das älteste Kunstmuseum der Schweiz mit einer permanenten Sammlung. Werke von Ferdinand Hodler, Paul Klee, Pablo Picasso, Meret Oppenheim und Franz Gertsch haben das Kunstmuseum Bern zu einer Institution mit Weltruf gemacht. Die Bestände reichen von mittelalterlichen Altarbildern bis zu zeitgenössischen Videoinstallationen. Thematische und monografische Ausstellungen konzentrieren sich auf Klassiker der Sammlung, die Gegenwartskunst sowie Schweizer und Berner Kunst.

Les Deux Blanches ▸

Das Bild der zwei Frauen in Weiss ist eine Studie für ein Dekorationsprojekt Biélers in der Villa Kaeser in Genf. Mensch und Natur verbinden sich im Gemälde auf beispielhafte Weise. Der Waadtländer Künstler Ernest Biéler studierte in Paris und reiste durch Europa, bevor er sich 1884 regelmässig in Savièse aufhielt, einem Bergdorf im Wallis. Zuerst malte er im Stil der Pariser Salonmalerei, dann zeigten seine symbolistischen Werke die Linienfreude des Jugendstils. Fasziniert von der Einfachheit des ländlichen Lebens, hielt er die Bevölkerung von Savièse in zahlreichen Werken fest.

Les Deux Blanches, 1904
Ernest Biéler (1863–1948)
Tempera auf Papier

Der Hochzeitsstrauss

Die Dunkelhaarige sagt: «Liebe Freundin, die haben meinen Hochzeitsstrauss vergessen.» «Eine Hochzeit ohne Blumenstrauss, das geht doch nicht», sagt die andere. «Was denn jetzt?», fragt die Braut. Die Freundin sagt: «Die Wiese hier ist doch voller Krokusse!» «Krokusse als Hochzeitstrauss?» – «Krokusse als Blumen sind schon nicht so passend. Aber der Name ist doch gut: Kro-kuss!» – «Danke, liebe Freundin. Du hast einen Kuss verdient. Ohne Kro!», antwortet die Braut.

Nora, 9 Jahre, und Jürg, 64 Jahre

«Wir merkten, wie faszinierend es ist: Jeder sieht etwas anderes, es ist nie das gleiche Bild. Es ist eigentlich eine Selbsterfahrung für uns.»

Jugendliche in Ausbildung, Glaser-Lehrlinge, treffen im Museum auf Erwachsene unterschiedlichen Alters. Aufgeteilt in kleine Gruppen kommen sie schnell ins Gespräch. Sie wählen in der Ausstellung «Frühling, lass Dein blaues Band ...!» ein Werk aus und erfinden dazu eine Geschichte. Danach präsentieren sie sich gengenseitig vor den Originalen ihre Gedanken und Geschichten. Ein gemeinsames Mittagessen rundet den Vormittag ab.

Daniela Müller und Christiane Hoefert,
Kunstvermittlerinnen

Kunstmuseum Olten

Das Museum basiert auf einer Kollektion von Werken des in Olten geborenen politischen Zeichners und Karikaturisten Martin Disteli (1802–1844). Es wurde 1905 eröffnet und beherbergt heute eine bedeutende Sammlung moderner und zeitgenössischer Schweizer Kunst. Die Museumsräume befinden sich im ehemaligen Wohn- und Geschäftshaus an der Kirchgasse am Rande der Oltner Altstadt.

Frühling ▸

Das Bild Frühling sticht vor allem durch das ungewöhnliche Format hervor, auf dem sich wie zwei Geschichten abzuspielen scheinen, die voneinander durch einen Baum in der Bildmitte abgetrennt sind. Cuno Amiet, geboren 1868 in Solothurn, erhielt sporadischen Malunterricht noch während der Gymnasialzeit bei Frank Buchser. Es folgten Aufenthalte an der Akademie in München und an der Académie Julian in Paris sowie ein Aufenthalt in Pont-Aven. Gauguin und van Gogh werden seine Leitsterne.

Frühling, o. J.
Cuno Amiet (1868–1961)
Öl auf Leinwand über Holz
Kunstmuseum St. Gallen
Dr. Max Kuhn-Stiftung, 1972,
© M.und D. Thalmann,
3360 Herzogenbuchsee

Alles neu macht der Mai – macht die Seele …

Es ist ein schöner Frühlingstag. Ein Liebespaar spaziert Arm in Arm. In der Mitte des Bildes steht ein Baum wie eine Grenze. Vor dem Wald sind fünf nackte Frauen, die alle eine andere Haarfarbe haben: blond, rot, braun. Vielleicht sind sie verflossene Lieben des Mannes und die dunkelhaarige Frau in seinem Arm seine neue Liebe? Alles neu macht der Mai …

Peter, 65 Jahre, und Alban, 17 Jahre

«Ich habe normalerweise nicht so viel Fantasie. In der Schule muss ich immer ziemlich viel überlegen, wenn wir eine Geschichte schreiben. Aber heute sprudelten meine Ideen einfach so. Es hat mir viel Spass gemacht.»

Elvedina, 13 Jahre

Eine motivierte Realklasse aus Walzenhausen, geübt im Geschichtenschreiben und -erzählen, trifft auf eine bunt durchmischte Gruppe 26- bis 72-Jähriger in der Ausstellung «Post/Post-minimal. Die Sammlung Rolf Ricke im Dialog mit zeitgenössischen Kunstschaffenden». So wie in der Ausstellung Werke zweier Künstlergenerationen aufeinandertreffen, treten auch in unserer Veranstaltung Personen unterschiedlichen Alters in einen Dialog und werden gemeinsam erfinderisch.

Claudia Hürlimann und Daniela Mittelholzer, Kunstvermittlerinnen

Kunstmuseum St. Gallen

Das Kunstmuseum St. Gallen wurde 1877 von Johann Christoph Kunkler im neoklassizistischen Stil erbaut. Es geniesst mit seinen Wechselausstellungen zeitgenössischer und moderner Kunst internationale Ausstrahlung. Als Schatzkammer der Ostschweiz beherbergt das Museum eine reiche Sammlung von Gemälden und Skulpturen vom Spätmittelalter bis zur Gegenwart, die in wechselnden Präsentationen gezeigt wird.

In Between ▸

Keith Sonnier untersucht die materiellen und ästhetischen Qualitäten des Latex, der im Erstarren eine quadratische Glasscheibe an der Wand haftend fixiert. Die flankierenden Glühbirnen auf Porzellansockeln blinken im Sekundenrhythmus und bringen den bräunlichen Latex zum Scheinen. Der Künstler Keith Sonnier lebt in New York City (US). Er ist ein Pionier der Postminimal Art. Früh erkundete er unterschiedliche Werkstoffe wie Filz oder Latex sowie deren Materialeigenschaften. Mit seinen Neonskulpturen fand er ab 1968 international Anerkennung. Seine Werke bestechen vor allem durch den Reiz des farbigen, fast schon «erotisch» anmutenden Lichtes.

In Between II, 1969
Keith Sonnier
Glas, Latex, Kabel,
Glühlampen, Zeitschalter

Die Kaffeeparty

An eine Kaffeeparty in St. Gallen wurden 50 Gäste eingeladen, die aber nicht erschienen. Die Organisatoren waren sehr enttäuscht. Aus Wut spritzten sie den Kaffee an die Wand. Danach schauten sie sich die Wand genauer an und bemerkten, dass das gar nicht so schlecht aussah. Also beschlossen sie, dies als Markenzeichen zu benutzen. Sie montierten eine grosse Glasscheibe auf die Kaffeewand und hängten zwei Lampen daneben. Schnell sprach sich das herum. Nächstes Jahr werden nicht 50, sondern 500 Gäste kommen.

Daniel, 14 Jahre, und Oliver, 33 Jahre

«Jede Person fand in der Ausstellung Werke, die sie persönlich berührten. Themen wie Lebensentwurf, eigenes Weltbild, Fremdbestimmung, Gewalt, Abhängigkeiten und Freiheit wurden auf besondere Weise angesprochen.»

Eine Gruppe mutiger und neugieriger Menschen orientiert sich blitzschnell in der Ausstellung und lässt sich auf das Erleben ein. Kleine Künstlerkollektive bilden sich. Sie suchen in der Ausstellung je ein Werk aus und lassen sich im Austausch treiben. Es werden Worte für neu Wahrgenommenes gefunden und ausgetauscht. In der Kunstküche verdauen wir die unglaublich gute Kunst und die anregenden Geschichten.

Prisca Beuchat und Sara Smidt, Kunstvermittlerinnen

Kunstmuseum Thun

Das Kunstmuseum Thun befindet sich in einem ehemaligen Hotel. Die Sammlung umfasst bedeutende Werke der Schweizer Kunst. Das Museum zeigt auch internationales zeitgenössisches Kunstschaffen. In der aktuellen Ausstellung sind Arbeiten von Marcel Dzama, Augustin Rebetez und dem U5 zu sehen, zusammen mit Albrecht Dürers gefertigten Illustrationen des Versgedichtes *Das Narrenschiff* (1494) von Sebastian Brandt.

Parasite ▸

Das vierköpfige Künstlerkollektiv U5 kreiert in Gesamtinstallationen fantastische Universen aus alltäglichen, leuchtend farbigen Materialien wie Bügelperlen, Golfbällen, Wäscheleinen, Klebebändern, Kabelbinder, Lebensmittelverpackungen, Plexiglas, Federn, Wattestäbchen oder Tierknochen, zusammengehalten durch Unmengen von Heissleim oder überzogen von etlichen Lackschichten. U5s dichte Werke bewegen sich zwischen Natur und Künstlichkeit, Utopie und Mythos.

Parasite, 2014
U5
Installation
div. Materialien

Das Naturgebilde

Es war einmal eine Wasserlilie am Ufer. Sie dachte: «Ich geh mal hinein und schaue, was es im Wasser alles gibt.» Sie entdeckte Farbbüchsen und goldene Eier. Die Eier fanden es unter Wasser zu trist und wollten schauen, was es sonst noch alles gibt. So entdeckten sie Muscheln und Korallen und plötzlich Füsse mit und ohne Schwimmhäute. «Die müssen verzaubert sein», dachten die Eier. Die Füsse wiederum entdeckten eine Agave und fragten sich: «Was macht so eine fremde Pflanze hier? Und was ein Golf-, ein Baseball? Wo sind wir?» Jedenfalls in einer schönen neuen Welt.

Hannelore, 67 Jahre, und Luc, 9 Jahre

«Als ich die Kasel ansah, dachte ich, dass diese sicher über hundert Jahre alt sein musste. Aber dann merkte ich, dass ich ja selbst fast so alt bin, die Kasel also viel älter sein muss.»

Manfred, 77 Jahre

Zum experimentellen Geschichtenerfinden treffen sich Bekannte und Unbekannte, Freundinnen und Freunde sowie Familienmitglieder zwischen 18 und 77 Jahren in der Ausstellung «Galerie-Sammlungen» des Landesmuseums Zürich. Die spontan gebildeten Generationenpaare schweifen durch die Ausstellung und wählen ein Objekt aus. Ein Heft mit stimulierenden Fragen leitet sie zum schriftlichen Cadavre Exquis an. Auf diese Weise entstehen collageartige Geschichten. Nach einer Phase des Fabulierens und Schreibens tauscht die Runde die Geschichten aus. Witzige Ideen und versponnene Erzählungen sorgen für Gelächter und lösen anregende Gespräche aus

Prisca Senn und Magdalena Rühl, Bildung und Vermittlung

Landesmuseum Zürich

Unter dem Dach des Schweizerischen Nationalmuseums (SNM) sind die drei Museen – Landesmuseum Zürich, Château de Prangins und das Forum Schweizer Geschichte Schwyz – sowie das Sammlungszentrum in Affoltern am Albis vereint. Die Museen präsentieren in ihren Dauerausstellungen Schweizer Kulturgeschichte von den Anfängen bis heute und erschliessen die schweizerische Identität und die Vielfalt der Geschichte und Kultur unseres Landes. Zusätzliche Eindrücke bieten Wechselausstellungen zu aktuellen Themen.

Mohrenautomat ▸

Im 17. Jahrhundert kommen Automaten immer mehr in Mode: technische Spielereien, keinem konkreten Zweck dienend, sondern vor allem auf Überraschung und Repräsentation ausgerichtet. Die in Menschenform gestalteten Exemplare werden Androide genannt. Der Mohr, Ausdruck der Exotikfaszination, bewegt die Augen im Sekundentakt. Ein Klappern mit dem Unterkiefer begleitet den Stundenschlag. Der Rat von Zürich schenkt dem Bürgermeister Hans Rudolf Rahn, der den Mohren im Familienwappen führt, diesen Automaten anlässlich einer Kur in Baden, AG.

Mohrenautomat, 1646
Hersteller unbekannt
Holz, Silber, Email, Stoff

Der MOH!r

Eustaquio, ein schwarzer Sklave, befreite sich einst durch List und Ausdauer. Er nutzte eine Unachtsamkeit des Aufsehers, um sich von seinen Ketten zu befreien. Fortan pflanzte er im Garten beim Moor seine Möhren und neben der Viehzucht ging er mit Pfeil und Bogen auf die Jagd. Sonntags pflegte er vor der Gemeinde in seiner Tracht eine Predigt zu halten. Der selbstgemachte Schild diente als Zeichen seiner Macht. Allerdings liess er sich davon nicht beeindrucken, er hatte bereits genug um die Ohren. Er lehnte sich in seinem Sessel zurück und klapperte mit dem Unterkiefer.

Gregor, 20 Jahre, und Guido 61, Jahre

«Der Generationennachmittag war ein Nachmittag voller Lachen – selten haben wir im Museum in einer Gruppe so viel geschmunzelt und uns angeregt über alle Altersstufen hinweg über Kunst, das Leben, unsere Erfahrungen, Wahrnehmungen und Gefühle unterhalten.»

Menschen von 11 bis 69 Jahren treffen sich im Migros Museum für Gegenwartskunst für einen spannenden Austausch. Die Gruppe ist bunt durchmischt. Enkel und Grossvater, Gasttochter, FreundInnen und Einzelpersonen mischen sich und machen sich mit Neugierde und Offenheit ans Entdecken der Ausstellungen – einer Sammlungspräsentation zum Thema Exzess und einer Einzelausstellung der mexikanischen Künstlerin Teresa Margolles. Zu zweit werden die Werke gewählt und genau betrachtet, die Stimmung der Ausstellungen eingefangen, in kleine Geschichten umgesetzt und der Gruppe präsentiert. Nach einem angeregten Apéro in der Vermittlungswerkstatt führt die praktische Aufgabe zu einer lockeren, amüsanten Atmosphäre. Es wird über den ganzen Tisch hinweg gescherzt und mit viel Humor und Augenzwinkern experimentiert.

Anke Hoffmann, Brigit Meier und Alena Nawrotzki, Kunstvermittlerinnen

Migros Museum für Gegenwartskunst

Das Migros Museum für Gegenwartskunst steht seit 1996 für das Ausstellen, Sammeln und Vermitteln internationaler zeitgenössischer Kunst. Es präsentiert auf zwei Ebenen wechselnde Einzel- und Gruppenausstellungen sowie Werke aus der eigenen Sammlung. Das international renommierte Museum versteht sich als dynamischer Ort für das zeitgenössische Kunstschaffen. Dazu trägt auch das umfangreiche Vermittlungs- und Rahmenprogramm bei.

La búsqueda ▸

Die mexikanische Künstlerin Teresa Margolles umkreist mit ihren Werken Themen wie Tod, Gewalt und soziale Ausgrenzung. Sie untersucht unter anderem eine Serie an Frauenmorden in der nordmexikanischen Grenzstadt Ciudad Juárez. Für ihre Einzelausstellung hat sie acht Glasscheiben aus dem Zentrum von Ciudad Juárez im Originalzustand nach Zürich transportiert, auf denen man Vermisstenanzeigen von Mädchen und jungen Frauen sieht. Diese werden von aufgenommenen Geräuschen einer Eisenbahn in Schwingungen versetzt. Margolles interessiert sich primär für Spuren, welche brutale Delikte auf Architekturen hinterlassen, und dafür, wie diese den Alltag der Menschen prägen.

La búsqueda, 2014
Teresa Margolles (*1963)
Soundinstallation
Courtesy of the artist und Galerie Peter Kilchmann, Zürich; © the Artist

12. März 2014

Wir stehen an einer Bushaltestelle in Ciudad Juárez. Der Regen peitscht an die Scheibe. Es stürmt. «Weisst du noch, vor zwei Wochen standen wir auch hier, um Veronicas Geburtstag zu feiern?! Schau mal, hier sind sogar noch die Bänder, die wir aufgehängt haben!» Wir schauen die Vermisstenanzeigen an der Scheibe an. «Dieses Mädchen kennen wir doch! Das ist doch Veronica!»

Evelyne, 31 Jahre, und Peter, 46 Jahre

«Die verschiedenen Kommunikationsgeräte von früher eignen sich wunderbar, um miteinander in einen Dialog zu treten. Sie wecken Erinnerungen und regen zu intensivem Erlebnisaustausch und Gespräch an.»

Zwölf Personen erkunden im Museum für Kommunikation paarweise die Ausstellung «nah und fern: Menschen und ihre Medien». Die Objekte wecken bei allen Erinnerungen. Sofort werden Erlebnisse und Anekdoten ausgetauscht. Alle kennen die Kommunikationsmittel in der Ausstellung und haben eine Verbindung dazu. Nach einer spannenden, anregenden und lustigen Erzählrunde wird im «Museumsgärtli» ein italienisches Apéro-Buffet serviert und dabei rege weiterdiskutiert.

Eva Badrutt, Kulturvermittlerin

Museum für Kommunikation

Das Museum widmet sich der Kommunikation, ihrer Technologie und deren Geschichte. Es nimmt Stellung zu gesellschaftlichen und kulturellen Auswirkungen der Kommunikation und ihrer Technologien. Die Ausstellungen werden interaktiv konzipiert und sollen zu einer vertieften und erlebnisreichen Auseinandersetzung mit den gezeigten Themen anregen.

Telefonapparat ▸

Das von der Firma Hasler ab 1927 entwickelte Telefon in zeitloser Form war ein «Swiss Made»-Gerät. Dieser Telefontyp wurde während mehr als 30 Jahren laufend verbessert und von 1929 bis 1980 eingesetzt.

Telefonapparat, Hasler Modell, 1929
Automatisches Tischtelefon mit Wählscheibe

Defektes Telefon

Nach dem Krieg arbeiteten in Basel viele junge Mädchen als Haushaltshilfen. So auch bei uns. Eines Tages sagte eine Nachbarin meiner Mutter, sie könne uns telefonisch einfach nie erreichen. Wir hatten keine Erklärung dafür. Ein Gespräch brachte jedoch schnell Licht ins Dunkel: Unsere Haushalthilfe hatte grauenhafte Angst vor dem Telefon und wenn es klingelte, hob sie nur schnell den Hörer ab und legte ihn sogleich wieder auf.

Ruth, 78 Jahre, und Susanne, 32 Jahre

«GiM hat etwas von einer Schneekugel: man stellt die Kunstgeschichte für einen Moment auf den Kopf und freut sich dann über den sanften Fall der befreiten Gedanken.»

Zwölf Gäste, Freunde und Künstler kommen, einige in Begleitung ihrer Patenkinder, andere mit einer langjährigen Freundin. Noch nie haben sie sich zu einem solchen Anlass getroffen. Für die meisten ist es der erste Besuch im Musée d'art et d'histoire. Nach der Einführung ist das Eis gebrochen, die Paare trauen sich in die dunkelsten Nischen des Museums. Jede Gruppe lässt sich Zeit, ein Werk auszusuchen. Bald sind philosophische Gedanken, Traumvorstellungen, kurze Poesien und Märchenhaftes zu hören. Jede Präsentation erntet Beifall. Beim Buffet ist die Stimmung gelassen. Kinder zeichnen ihre Geschichten auf Papier und verschenken sie.

Valeria Caflisch, Julia Taramarcaz und Wojtek Klakla, KunstvermittlerInnen

Musée d'Art et d'Histoire

Das Museum für Kunst und Geschichte Freiburg sammelt Kunstwerke und historische Gegenstände aus dem Kanton Freiburg. Eine Reihe von Objekten sind von internationaler Bedeutung, wie die Tafelgemälde von Hans Fries, die spätgotischen Skulpturen und Werke von Marcello, Jean Tinguely und Niki de Saint Phalle. Dank der speziellen Brückensituation an der Sprachgrenze der Schweiz spielt das Museum auch eine aktive Vermittlerrolle zwischen Kulturen.

Messkrüge ▸

Messkrüge sind Objekte, die in der katholischen Liturgie verwendet werden. Sie enthalten den Wein und das Wasser für die Feier der Wandlung während der Eucharistie. Beide silberne Messkrüge tragen einen Buchstaben, der ihren Inhalt andeutet: A für Acqua (Wasser), und V für Vinum (Wein).

Zwei Messkrüge, Ende 17. Jh. Silber

Les secrets

Deux petites copines se rencontrent. La première dit: «Salut!» La deuxième répond: «Salut!» «Est-ce que tu connais un secret?» demande l'une. «Oui, mais je n'ai pas le droit de te le dire. Et toi, connais-tu un secret ?» – «Oui, mais je n'ai pas le droit de te le dire non plus.» Et ainsi les deux copines se regardent sans plus se parler. Quelqu'un passe et dit: «Et si on enlevait le couvercle? On pourrait voir leur secret?»

Guillaume, 35 ans, et Norine, 8 ans

«Die Geschichten führten uns aus Zürich hinaus in die Grossstadt Paris, in dunkle Kellerräume, in vergangen Zeiten und auf fremde Planeten. Eine gemeinsame Reise, die grossen Spass machte und in bester Erinnerung bleiben wird.»

Einige Teilnehmende kennen sich bereits, andere treffen an der «GiM live-Veranstaltung» zum ersten Mal aufeinander. Im Team wird ein Kunstwerk ausgesucht. Es dient als Ausgangspunkt zum Erfinden einer eigenen Geschichte. Die Stimmung ist locker und herzlich, und es ist ein Genuss, den Teams beim Erzählen ihrer Geschichte zu zuhören. Bei einem Zvieri gestalten die Teilnehmenden eine Postkarte, die sie einander anschliessend schicken.

Ladina Gerber, Kunstvermittlerin

Museum Haus Konstruktiv

Das Museum Haus Konstruktiv verfügt über eine schweizweit einmalige Sammlung konkreter, konstruktiver und konzeptueller Kunst von den 1920er-Jahren bis in die Gegenwart. In fünf bis sechs Themenausstellungen pro Jahr werden einerseits Kunstwerke aus der Sammlung gezeigt. Andererseits werden Ausstellungen mit zeitgenössische Künstlerpositionen konzipiert, die in einem Bezug zur konkreten und konzeptuellen Kunst stehen.

Biadan ▸

Die Linien scheinen zu tanzen und flimmern und gaukeln Ausbuchtungen und Dellen vor. Das Gemälde zeigt einen schwarzen Bildhintergrund mit weissen Linien. Mit präzisen, abstrakten Formmustern werden überraschende und irritierende optische Effekte erzeugt. Der Künstler Victor Vasarely sprach davon, dass er mit seinen Bildern versuche, die Netzhaut der Betrachtenden zum Vibrieren zu bringen. Im Gemälde *Biadan* ist dieser Effekt gut erlebbar. Victor Vasarely ist als junger Mann von Ungarn nach Frankreich gezogen und hat dort bis zu seinem Tod gelebt. Er zählt zu den Begründern der Op-Art, einer Stilrichtung der optischen Illusion.

Biadan, 1959
Victor Vasarely (1906–1997)
Acryl auf Leinwand

Der Planet Xiros

Im Jahr 2314 sind wir als VIP-Gäste auf den Planeten Xiros eingeladen. Wir gehen zur Zentrale des Planeten und starten mit einer Rundfahrt. Wir besichtigen den Notausgang. Er führt direkt nach draussen. Wir bestaunen die riesige Kirche und das Gefängnis. Alle Räume sind geschlechtergetrennt, sogar die Schlafräume. Das ist ja wie im Mittelalter! Wir bedanken uns für die Rundfahrt und fahren gerne wieder nach Hause.

Evelyne, 31 Jahre, und Gertrud, 67 Jahre

«GiM-Duett-Paare wanderten auf dem Pfad gemeinsamer Erlebnisse, bespielt mit Fantasie. Entstanden sind Geschichten, welche in frühere Epochen zurückführen und Ausblicke in futuristische Sphären eröffnen. Für die Gäste bedeutet die Teilnahme an diesem Anlass nicht nur einen gesellschaftlichen Benefit, sondern auch einen Zuwachs an Wissen und Begeisterungsfähigkeit.»

Personen aus der Region und eine Gruppe von ehemals ansässigen Rorschachern lassen sich für den Anlass begeistern. Alle wollen das Museum auf eigene Faust erkunden. Bald sind die bevorzugten Exponate ausgewählt. Mit Tablet-Computern können sie sich beim Erzählen selber filmen. Davon wird rege Gebrauch gemacht. Zu Getränken und Kuchen werden die Geschichten ausgetauscht. Frohgelaunt endet nach zweieinhalb Stunden das «GiM-Duett».

Hermann Fuhrimann, Museumsleiter

Museum im Kornhaus

Das Museum im Kornhaus ist ein Erlebnismuseum. Es vermittelt naturkundliche und lokalpolitische Bildungswelten mit mehr als 50 interaktiven Studienplätzen. Das Themenspektrum reicht von lokaler Entwicklung, Leben am Bodensee, Gesellschaft, Gewerbe und Stadt bis hin zu Naturwissenschaftlichem wie Optik-Illusion, Mathe-Magie, Schriften und Kommunikation, Gehirnfunktionen und Sinneseindrücke. Es ist unterhaltsam aufgebaut und macht physikalische und optische Phänomene spielerisch erfahrbar.

Skulpturen mit Löwengestalt ▸

Die beiden hölzernen Löwen sind Erkerstützen und stammen vom Haus Brugger an der Hauptstrasse 48 in Rorschach. Die durch Leinwandhandel reich gewordenen Kaufleute von Rorschach schmückten ihre vornehmen Bürgerhäuser gerne mit geschnitzten Erkern, wie es sie in der Stadt St. Gallen gab. Beim Umbau zu einem Geschäftshaus mit Ladenlokal im Erdgeschoss im Jahr 1911 standen die Löwen buchstäblich im Weg und wurden durch einen schmalen Widderfries ersetzt. Bei einer erneuten Renovation tauchten sie wieder auf und fanden ihren heutigen Standort im Museum.

Skulpturen mit Löwengestalt,
ca. 1750
Holz, Farbe, Metall

Die widerspenstigen Löwen

Die beiden Löwen stammen aus der Brauerei Löwengarten in Rorschach. Vor einigen Jahren wurde sie von der Brauerei Schützengarten aufgekauft. Der Betrieb schloss und die Firma zog nach St. Gallen. Die beiden Löwen wollten aber nicht mitgehen. Sie suchten Zuflucht im Museum. Auf der Flucht verlor einer die Hälfte seines Kopfes. Hier im Kornhaus sind die Löwen nun an einem sicheren Ort.

Walter, 68 Jahre, und Ladina, 11 Jahre

«Ich schaue, fantasiere und sinniere, und erkenne ihre Schönheit ...»

Linda, 24 Jahre

Erzählen und mündliches Weitergeben von traditionellem Wissen ist tief in der westafrikanischen Kultur verwurzelt. Die sogenannten Griots sind Geschichtenerzähler, Sänger und Musiker. Sie bewahren das historische Bewusstsein und erhalten ihr kulturelles Erbe. Ganz anders als wir: Teilnehmende im Alter von 24 bis 70 Jahren lassen sich von der formalen Kraft der Masken und Skulpturen in der Ausstellung «Afrikanische Meister» zu persönlichen Fantasien anregen. Einfühlsam schauend, entwickeln sich aufgrund individueller Prägungen Ideen und Geschichten.

Maya Bührer und Caroline Spicker, Vermittlerinnen

Museum Rietberg

Mitten im schönsten Park der Stadt, dem Rieterpark, liegt das Museum Rietberg. Als einziges Kunstmuseum für aussereuropäische Kulturen in der Schweiz werden weltbedeutende Kunstwerke aus Asien, Afrika, Amerika und Ozeanien in aufwendig gestalteten Sonder-und Dauerausstellungen präsentiert. Das Zusammenspiel von Alt und Neu fasziniert: auf der einen Seite die Geschichten der drei historischen Villen, der Aufenthalt von Richard Wagner in den Jahren 1857–1858 und auf der anderen Seite der grüne Glaspavillon «Smaragd», der im Jahr 2007 eröffnet wurde und unterirdisch zum modernen Erweiterungstrakt führt. Das Museum Rietberg ist für alle Altersstufen ein Ort der Begegnung und bietet vielseitige Möglichkeiten, sich mit aussereuropäischen Regionen und Ländern auseinanderzusetzen.

Sitzende weibliche Figur ▸

Die Figur sitzt in entspannter Pose. Elegant stellt sie einen Schirm zur Schau, der dem Bildhauer seinen Namen gegeben hat: «Meister der Sonnenschirme». Dieser Meister scheint seine Skulpturen für neuartige Bestimmungszwecke entworfen zu haben. Vielleicht standen sie im Mittelpunkt einer Präsentation, die den Aufstieg eines Besitzers zum Rang einer «reichen Person» widerspiegeln sollte? Vielleicht wurden sie aber auch in Umzügen der Altersverbände mitgeführt? Oder schmückten sie einfach nur Wohn- oder Geschäftsräume? Bis jetzt sind diese Fragen wissenschaftlich noch nicht geklärt.

Sitzende weibliche Figur,
Adjukru-Region, um 1930
Meister der Sonnenschirme
(geb. spätes 19. Jh. oder frühes 20. Jh., vor 1940 tätig)
Holz
Musée des Civilisations de Côte d'Ivoire, Abidjan

Die sonnige Ganovin

Die Mittagssonne brannte und es war windstill. Mumumba setzte sich auf einen Holzblock hinter ihrem Dorf, endlich war sie alleine. Ihre drei älteren Brüder mussten auf die Tiere aufpassen. Sie freute sich, denn sie hatte das Lieblingsspielzeug ihres ältesten Bruders! Unbeobachtet zog sie den Schatz aus seinem Versteck. Mumumba spannte den Schirm auf, den die dicke Engländerin bei der letzten Safari im Dorf liegen lassen hatte. Sie hielt ihn mit der linken Hand, wie sie es bei den Touristinnen beobachtet hatte. Und in der rechten …?

Julia, 30 Jahre, und Paolo, 63 Jahre

«Zweieinhalb Stunden vibrierte das NONAM vor Abenteuerlust und Entdeckerfreude. Es wurde erzählt, erfunden und ausgetauscht. Verborgene Geschichten wurden freigelegt und miteinander geteilt. Ein Nachmittag voll Fantasie und Farbigkeit.»

Geschichten haben bei den Indianern und Inuit Tradition, sie waren hilfreich und wertvoll. Wissen wurde stets mündlich überliefert. Die Geschichten enthielten Lehren und bewahrten das kulturelle Erbe. Und natürlich dienten sie auch der Unterhaltung. Am «GiM-Tag» erkunden elf Teilnehmende von 9 bis 69 Jahren das NONAM, machen sich auf die Suche nach Lieblingsobjekten und Geschichten. Es wird geflüstert, gelacht, diskutiert und ausgetauscht. Eine wunderbare Stimmung durchweht das Museum. Die Gruppen tragen ihre Geschichten vor den Objekten ihrer Wahl vor und ziehen ihre ZuhörerInnen in den Bann. Im Pavillon werden Postkarten gedruckt und getauscht. Es ist ein Wirken mit Farben und Formen. Bei Leckereien klingt ein gelungener Generationennachmittag aus.

Heidrun Löb, Museumsleiterin und Kuratorin
Katharina Kägi, Vermittlerin

NONAM, Nordamerika Native Museum, Indianer und Inuit Kulturen

Die Geschichte, die 1963 als «Indianermuseum der Stadt Zürich» im Schulhaus Feldstrasse begann, findet seit 2003 ihre Fortsetzung im Nordamerika Native Museum (NONAM) im Zürcher Seefeld. Das einstige Provisorium im Klassenzimmer hat sich zum Museum mit internationaler Ausstrahlung und einem umfassenden Kulturangebot entwickelt, das sich grosser Beliebtheit erfreut. Es bietet neben attraktiven Artefakten und zeitgenössischer indigener Kunst auch spannende Begegnungen mit Indianern und Inuit.

Bison ▸

Fast alles, was die Indianer auf den Plains und Prärien zum Leben benötigten, stammte vom Bison. Das Fleisch verzehrten sie frisch und getrocknet. Die Haut wurde zu Mokassin-Sohlen, Falttaschen oder Schilden, die leichten Sommerhäute zu Taschen und Zelten, die Winterfelle zu Roben und Bettstätten. Der Magen diente als Wasser- oder Kochgefäss, die Sehnen eigneten sich als Nähfaden oder Bogensehnen. Aus der Wolle wurden Fäden oder Stricke hergestellt. Aus dem Horn stellten Männer Löffel und aus Knochen Fellschaber oder Ahlen her. Aus den Hufen wurde Leim, aus Hirn und Leber Gerbmasse gewonnen. Der getrocknete Mist war Brennmaterial.

Bison, Tatanka
Ausgestopfter Bison

Der Hund Max

Anatol wünschte sich von Marlyse einen Hund. Eines Tages fand Anatol einen kleinen Hund in einer Schachtel unter seinem Bett. Er nannte ihn Max. Jede Woche telefonierte Anatol mit Marlyse und erzählte ihr von Max: «Max isst gerne Tomatenspaghetti und trinkt extrem viel Wasser.» Max wuchs, sein Kopf wurde riesg. Es wuchsen ihm kleine Hörnchen. Die Pfoten verwandelten sich in Hufe. Im Internet fand Anatol heraus, dass er keinen Hund, sondern einen Bison geschenkt bekommen hatte. Anatol hat Freude am Bison, und man sieht sie täglich im Bullingerpark spazieren.

Anatol, 9 Jahre, und Marlyse, 54 Jahre

«Die Geschichten waren lustig und ich habe mir durch diese Aufgabe die Sachen im Museum ganz anders angeschaut als sonst.»

Katharina, 7 Jahre

Die Gruppe besteht aus interessierten Individualbesuchenden, hauptsächlich Familien. Die Kinder kennen einander bereits von der Schule. Bei schönem Wetter kommen die Gäste gut gelaunt ins Ritterhaus. Die Gruppen werden neu durchmischt und starten zielstrebig zu ihren Wahlobjekten. Mit einer Ausnahme kennen die Teilnehmenden das Haus gut. Bald sind die Geschichten gefunden. Es entsteht ein bunter Geschichten-Teppich, gewoben aus Fantasie und Erfahrung. Dann streben alle zu einem Bauernhof-Glacé ins Freie.

Daniela Tracht, Museumsleiterin

Ritterhaus Bubikon

Das Ritterhaus Bubikon gilt als die am besten erhaltene Kommende des Johanniterordens in Europa. Seine Geschichte geht zurück ins Jahr 1192. Seit 1936 gehört es der Ritterhausgesellschaft Bubikon. Sie rettete das einzigartige mittelalterliche Baudenkmal vor dem Verfall und richtete ein Museum über das Haus und den Ritterorden ein. Seit 1959 steht das Ritterhaus unter Bundesschutz. Heute ist es überregional bekannt.

Europakarte ▸

Die Europakarte auf dem Tisch des Kinderrundgangs veranschaulicht die Stationen, die der Johanniterorden von seiner Gründung in Jerusalem bis zur Verbreitung über Europa im späten Mittelalter geprägt hat. Eine Ritterfigur steht bei der Stadt Jerusalem und verdeutlicht den Gründungsort des Ordens, eine weitere, schwarz gekleidete Figur steht auf Malta, stellvertretend für die Umbenennung in Malteser-Ritterorden. Ein Krankenauto der Johanniter Unfall-Hilfe ist an einer Schnur befestigt und zeigt die heutigen karitativen Tätigkeiten. Im Mittelmeer liegt ein Schiffsmodell als Zeichen der Seehoheit des Malteserordens und dessen Aufgaben ab dem 16. Jh.

Europakarte von Kinderrundgang (Museumsmobiliar), 2004
Holztisch mit Landkarte und Modellfiguren

Kapitän «Kleiner Ritter» findet den Goldschatz

Der Kapitän «Kleiner Ritter» aus der Ukraine reiste mit dem Gumpi-Schiff bis Jerusalem, um einen Schatz zu suchen. Er traf den bösen Piraten, der auch einen Schatz suchte. Aber beide hatten Glück und jeder fand einen Schatz: Der Ritter kaufte sich davon ein blaues Auto und der Pirat einen Krankenwagen. So ging die Geschichte für beide gut aus.

Kolja, 4 Jahre, Jessica, 36 Jahre, und Guido, 39 Jahre

«Das Sensler Museum ist in einem alten Bauernhaus untergebracht. Manchmal scheint hier die Vergangenheit aber doch sehr fern. Aber für einmal wurde es wieder genutzt wie damals: Verschiedene Generationen sitzen am Tisch, essen Znüni und tauschen sich miteinander aus.»

Ein verregneter Tag im Senseland. Das Gotti (die Patin) des Museums besucht uns und bringt eine Schulkameradin und ihre Mama mit. Dabei sind auch eine Bibliothekarin und ihr Sohn, ein Lehrer, eine Künstlerin und die Museumsleiterin. Sie treffen uns auf dem Rasen des Musikzimmers, sitzen auf Kissen und Stühlen. In kleinen Gruppen wählen sie Objekte, es wird überall gelacht und geschwatzt. Dann werden Geschichten erzählt. Am Familientisch gibt es einen Imbiss. Danach fertigen sie für das benachbarte Restaurant Tischsets mit ihren Geschichten an und gehen glücklich nach Hause.

Franziska Werlen, Museumsleiterin

Sensler Museum

Im Holzhaus von 1780 ist das Sensler Museum untergebracht. Die Dauerausstellung widmet sich ganz dem deutschsprachigen Sensebezirk im Kanton Freiburg. Dialekt, Alltagskultur, Geschichte, Wirtschaft, Pilgertum und Musikschaffen bringen den Besuchenden in Objekt, Wort, Klang und Stimme die Region näher. Jährlich lädt das Museum zu vier Wechselausstellungen ein, so etwa zur Krippenausstellung und zur Sensler Biennale.

Fussball des FC Tafers ▸

Ein Fussball hat viele Bezeichnungen auf Sensler Deutsch. Eine davon ist «Schuttbala». Das Sensler Deutsch ist ein höchstalemannischer Dialekt, also sehr speziell. Wenn man imMuseum an der Schuttbala vorbeiläuft, flüstert sie «schutta».

Fifa-Fussball, 2010
Leder

Schuttbala Hans

Hans war traurig, weil er nicht gut Fussballspielen konnte. Im Wald fragte er die Hexe Zitrone um Hilfe. Sie verwandelt ihn in eine Schuttbala (Fussball). Hans rollte ins Dorf und die Kinder spielten mit ihm. Er lernte, wie man den Ball ankickt, was Taktik bedeutet und wie ein Ball ins Tor fliegen soll. Bald wollte er nicht mehr getreten werden und schmutzig nass sein. Er bat die Hexe, ihn zurückzuverwandeln. Hans wurde der beste Fussballspieler der Schweiz. Zum Dank schenkte er dem Sensler Museum einen Fussball.

Franziska, 34 Jahre, und Maëlle, 7 Jahre

«Geschichten erfinden über vier Generationen hinweg, das war schon ein spezielles Erlebnis. Als die Aufgabe klar und das Eis gebrochen war, wurde es richtig schön und gemütlich ...»

Zwischen 13 und 92 Jahren sind die zwölf GeschichtenerzählerInnen, die sich im Atelier- und Skulpturenmuseum treffen. Eine illustre kleine Gruppe kommt in Laufenburg zusammen: die Schülerinnen, die Bildhauerin und die Rentnerin, die Töpferin und der Lebenskünstler, der Schriftsteller, der Fotograf und die ehemalige Coiffeuse. Sogar der 92-jährige Bildhauer Erwin Rehmann ist beim Geschichtenerfinden dabei.

Regula Laux, Kunstvermittlerin

Skulpturenmuseum Erwin Rehmann

Dank einer grosszügigen Spende des Kunstliebhabers Heinrich Gebert, ehemals Geberit AG, konnte 2001 das Rehmann-Museum realisiert werden. Zu sehen sind neben der ehemaligen Giesserei und dem Atelier auch viele Werke des 1921 geborenen Eisenplastikers Erwin Rehmann. Daneben gibt es Wechselausstellungen mit Werken zeitgenössischer Kunstschaffender sowie ein kulturelles Programm mit Konzerten, Lesungen, Theater und Kabarett.

Bronzeschild ▸

«Aus zahllosen kleineren und grösseren Messingblech-Rechtecken, die ich einzeln mit dem Hammer bearbeitete und dann zusammenschweisste, erstreckt sich die Gesamtfläche auf 150 × 270 cm. Die Einzelteile finden einen in sich ruhenden Abschluss. Als Ganzes, wie ein Menschenleben, das ohne genaues Endziel seine Vollendung findet». *Erwin Rehmann*

Bronzeschild, 1965
Erwin Rehmann
Bronze

Vom Schildkrötenpanzer unter dem Cheisacher-Turm

Ein grüngrauer Schild. Was ist oben, was ist unten? War da noch irgendwo ein Kopf? Ein Schwanz? Es ist ein Schildkrötenpanzer, vielleicht aus der Urzeit: Die Schildkröte frass Riesensauerampfer und legte riesengrosse Eier. Ihr Schild hat Löcher. Da war wohl einiges los mit Dinosauriern und anderem Getier! Eines Tages fiel ein riesiger Meteorit krachend auf die Erde und traf die Schildkröte. Viele Millionen Jahre später fand man den versteinerten Panzer unter dem Cheisacher-Turm im Fricktal. Die Behörden streiten sich heute noch um das kostbare Fundstück.

Nika, 71 Jahre, und Claudia, 45 Jahre

«Im Alter können Entscheidungen rückblickend analysiert werden. Die TeilnehmerInnen der ‹GiM live-Veranstaltung› haben kaum eine bereut. Das beruhigt und motiviert, entscheidungsfreudig durchs Leben zu gehen.»

In der Ausstellung ENTSCHEIDEN diskutieren verschiedene Generationen über Selbstbestimmung, ungleiche und verpasste Chancen und die Qual der Wahl im Laufe der Zeit. Der Mensch des 21. Jahrhunderts lebt im «Supermarkt der Möglichkeiten». Aber macht mehr Auswahl wirklich glücklicher? Oder war das Leben früher vielleicht doch einfacher, als die Möglichkeiten geringer waren und damit auch das Risiko, sich falsch zu entscheiden?

Celia Bachmann, Kulturvermittlerin

Stapferhaus Lenzburg

Das Stapferhaus schafft mit seinen Ausstellungen Räume zur Auseinandersetzung mit Gegenwartsfragen und ermöglicht thematische Vertiefungen für verschiedene Zielgruppen. Dabei wird das Publikum auf Augenhöhe angesprochen und eingeladen, selber Position zu beziehen. Als eine Art Labor für Lebenskunst macht das Stapferhaus Schwieriges zugänglich und führt Zusammenhänge vor Augen, ohne vorgefertigte Antworten zu liefern.

Neue Möglichkeiten ▸

Anhand diverser Objekte werden neue medizinische Entscheidungsmöglichkeiten aufgezeigt: von der Pränataldiagnostik über Schönheitsoperationen und Gentests bis hin zur Sterbehilfe. Den Körper massschneidern, das Gedächtnis verbessern und die Konzentration stärken, das Leben verlängern und den Todeszeitpunkt wählen. Was früher gottgegeben war, liegt zunehmend in unseren Händen. Wo die Grenzen der Selbstbestimmung liegen, müssen wir selbst entscheiden.

Neue Möglichkeiten
Installation
Stapferhaus Lenzburg, 2012

Präimplantationsdiagnostik

«Ihr wollt noch ein drittes Kind? Ihr habt doch schon zwei Buben!» – «Ja, wir wollen noch ein Mädchen.» – «Das geht doch nicht auf Kommando!» – «Doch, dafür gibt es eine neue Methode.» – «Und dann bestimmst du auch noch die Augenfarbe und Intelligenz? Das ist ja unheimlich!» – «Nein. Ich will einfach nur ein Meitli.» – «Wenn ich hätte wählen können, hätte ich mir dich ausgesucht: ein Meitli mit roten Haaren und braunen Augen.»

Silvia, 66 Jahre, und Mara, 34 Jahre

«Heute habe ich eine Geschichte aus meiner Familie erfahren, die mir bis jetzt so noch nicht bekannt war.»

Nadine, 28 Jahre

Eine heitere Gruppe Menschen taucht ein in die Geschichte der Strohindustrie. Nach einem inspirierenden Einstieg erfinden Teilnehmende Geschichten. Sie schreiben, philosophieren, lachen und träumen miteinander. Im Atelier werden diese Geschichten vertieft. Die Gäste lassen ihrer Kreativität freien Lauf. Mit Klebbändern, Zeitungen und Heften fertigen sie Wortbänder und verweben diese anschliessend zu einem kollektiven Werk, dem Wortgeflecht.

Andrea Zielinski und Andrea Huser, Kulturvermittlerinnen

Strohmuseum im Park

In keiner Region der Welt sind im 19. Jahrhundert so feine Hutgarnituren hergestellt worden wie im aargauischen Freiamt. Stroh war zwei Jahrhunderte lang Grundlage eines blühenden Wirtschaftszweiges. Das 2013 neu eröffnete Museum zeigt die Freiämter Hutgeflecht-Industrie vom bäuerlichen Kunsthandwerk über die industrielle Massenproduktion bis zum Niedergang.

Geflechtständer ▸

Wenn man vom «Hüetle» sprach, meinte man damit die Nähtechnik, die sich besonders für das Zusammennähen von Hand- oder Maschinengeflechten aus breiten Bändern eignete. Der Ständer wurde für das Bereithalten der Bänder gebraucht.

Geflechtständer, ca.1870
Holz

Tipi oder Ständerlampe

Der Gegenstand erinnert an ein Tipi, oder er sieht aus wie die Ständerlampe in der Stube meiner Grossmutter. An Weihnachten ist die ganze Familie zusammen und die Grossmutter liest im Schein der Lampe die Weihnachtsgeschichte. Die Lampe hat schon viele Geschichten gehört. Schade, dass sie nicht erzählen kann. Vielleicht ist es auch die Erinnerung an das Tipi, das meine Mutter mir und meinen Schwestern genäht hat.

Kathrin, 23 Jahre, und Maja, 52 Jahre

«Wir haben fantastische Geschichten zu unseren fantastischen Pflanzen bekommen. Erfunden wurden sie von Kinder mit einer geistigen Behinderung und ihren Begleitenden. Diese neue Erfahrung lässt bereits unsere Gedanken kreisen und wir möchten weitere Anlässe mit ähnlichen Konstellationen initiieren.»

Gabriela Wyss, Museumsleiterin

«Wo gibt es Kaktus?» So rief es aus der fröhlichen Gruppe, die sich aus dem Mittwochshort der Schule Leutschenbach kennt. Die Neugier war gross. Die Kinder mit einer geistigen Behinderung und ihre Betreuungspersonen machten sich auf ins Grosspflanzenhaus. Ein typisches Generationenpaar ergänzte die Schar. Die Kinder wählten ihre Pflanze aus, die Ideen sprudelten hervor und entwickelten sich zu einnehmenden und unerwarteten Geschichten. Auch für den Botaniker war es eine Herausforderung, die Geschichten zu den ausgewählten Pflanzen spontan mit seinem Wissen zu ergänzen.

Franziska Petz, Vermittlerin, und Urs Eggli, Botaniker

Sukkulenten-Sammlung Zürich

Die Sukkulenten-Sammlung Zürich beherbergt seit 1931 eine der weltweit bedeutendsten Spezialsammlungen von wasserspeichernden Pflanzen. Mit ihrem umfassenden Herbar und der Bibliothek versteht sie sich als Kompetenzzentrum für alle Aspekte der Sukkulenz. In sieben Gewächshäusern, Frühbeetkästen und einem Steingarten wird die Vielfalt mit rund 50 % aller bekannten Sukkulentenarten erlebbar. Informative Medien, Führungen und regelmässige Themenveranstaltungen für Jung und Alt vermitteln ein vielfältiges Wissen.

Königin der Nacht ▸

Ohne Blüten ist die «Königin der Nacht» ein wenig ansehlicher, rankender Schlangenkaktus. Ursprünglich stammen ihre Vorfahren aus dem Raum Mittelamerika / Karibik. Aber wegen der duftenden grossen Blüten, die einen Durchmesser bis zu 30 Zentimeter erreichen, wird sie heute an vielen Orten kultiviert. Die Pflanze aus der Geschichte haben wir im Jahr 2000 aus Samen einer anderen «Königin der Nacht» in der Sammlung gezogen.

Selenicereus grandiflorus
Kakteengewächs aus Mittelamerika

Die Königin der Nacht

Im Königreich der Kakteen feierte man jedes Jahr ein grosses Fest, um die Schönste unter ihnen auszuwählen. Eine Pflanze fiel diesmal besonders auf. Sie hatte nur eine einzige Blume, die sie nur für eine Nacht öffnete. Aber auch eine andere war besonders schön mit ihrem zauberhaften Tanz und ihrem prächtigen Kleid. Als letztere als die Schönste auserwählt werden sollte, öffnete sich plötzlich mitten in der Nacht die leuchtende Blüte ihrer Konkurrentin. Mit einem süssen Duft von Vanille und Schokolade konnte sie alle für sich gewinnen und wurde so die Königin der Nacht.

Simea, 19 Jahre, und Rosemarie, 73 Jahre

«Manchmal sind wir so in unserer Wahrnehmung gefangen, dass der fremde Blick einem die Augen öffnen kann ...»

René Hänggi, Museumsleiter

Kleine Abenteurer, SchülerInnen, LehrerInnen und Archäologen – eine bunt gemischte Gruppe Menschen unterschiedlichen Alters lernt sich am Sonntagmorgen bei Kaffee und Gipfeli kennen. Danach wählen sie ein Objekt aus und erkunden Vindonissa auf eine etwas andere Art. Mit viel Fantasie werden Geschichten fabuliert, über Dasein und Herkunft der Objekte sinniert sowie persönliche Erfahrungen verarbeitet. Dabei erhalten die geschichtsträchtigen Objekte eine neue Identität.

Chantal Odiet, Vermittlerin

Vindonissa-Museum

In einem Jugendstilgebäude in Brugg werden Geschichte und Geschichten aus dem einzigen römischen Legionslager der Schweiz vorgestellt. Die Dauerausstellung zeigt das Leben und den Alltag der Legionäre. Auf lebendige Weise sind die bedeutendsten Funde und Erkenntnisse aus mehr als 100 Jahren Ausgrabungen in Vindonissa inszeniert.

Brief für Tullus ▸

Mit einem Schreibgriffel wurden Urkunden, Verträge, Befehle oder Privatbotschaften in die Wachsschicht einer hölzernen Schreibtafel geritzt. Manchmal hinterliess der starke Druck bis heute lesbare Spuren im Holz. Dank einzigartigen Bedingungen im Schutthügel von Vindonissa erhielten sich viele dieser Dokumente, beispielsweise im Brief für Tullus auch ein Teil des Inhaltes: «... Du fragst, in welchen Strassen ich die Aufsicht führe. Was immer ich geleitet habe, wurde der Aufsicht des Marcus zugeteilt. Damals, glücklicher Tullus, der du von Liebschaften nichts weisst ...» (übersetzt).

Brief für Tullus, 1. Jh. n. Chr.
Schreibtafel aus dem Schutthügel von Vindonissa
Holz in Vitrine

Auf dem Weg nach Rom

Eines Morgens wurde Antonio vom Centurio Fabius befohlen: Bring diesen Brief innert 16 Tagen zu Tullus! Versagst du, musst du gegen die Löwen kämpfen. Antonio lief dem Fluss entlang los. Er war aber nicht schnell genug. Da schnappte er sich einen Baumstamm und ein Stück Rinde, stellte sich darauf und steuerte mit der Rinde flussabwärts nach Rom. Was für eine rasante Fahrt! Das erste Stand Up Paddle war erfunden. Rechtzeitig kam er in Rom an und übergab den Brief.

Lea, 12 Jahre, Gian, 10 Jahre, und Sabine, 44 Jahre

«Bildung findet nicht nur im Schulzimmer statt. Bildung ist viel mehr. Ein gebildeter Mensch zeichnet sich nebst seiner Intelligenz vor allem durch Mitgefühl, Verständnis und Toleranz aus. Das haben wir in dieser Veranstaltung deutlich erlebt.»

Auszubildende der Seniorenresidenz Tertianum Pfäffikon SZ besuchen mit BewohnerInnen die Ausstellung «Das Abenteuer Bildung». Die Lehrlinge arbeiten als Koch, Fachmann Betriebsunterhalt, Fachfrau Gesundheit und Fachfrau Hauswirtschaft. Bereits beim Eintreffen der Gruppe sind alle in muntere Gespräche vertieft. Zu zweit machen sie sich dann auf die Suche nach einem anregenden Objekt. In einem neuen Umfeld erkunden sie die Ausstellung, erzählen sich Geschichten zu Werken und aus ihrem Leben. Der Austausch ermöglicht es, Zeit füreinander zu haben und gemeinsam etwas zu erleben. In der Pause geniessen alle den speziell für diesen Nachmittag vom Kochlehrling kreierten Glarner Gewürz-Orangen-Kuchen. Heiter verabschieden sie sich nach intensivem Austausch zwischen den Generationen.

Gaby Bachmann, Leitung Administration
Carmen Schurter, Kulturvermittlerin

Vögele Kultur Zentrum

Das Vögele Kultur Zentrum ist eine Plattform für gesellschaftsrelevante Fragen unserer Zeit. Es zeigt zwei Themenausstellungen pro Jahr, mit Exponaten aus Kunst und Kultur sowie mit wissenschaftlichen, aber auch mit Objekten des alltäglichen Gebrauchs. Die Themen sollen sensibilisieren sowie zur Reflexion und Diskussion anregen. Interdisziplinäre Programme, Veranstaltungen, Publikationen, aber auch Vermittlungsangebote begleiten die Ausstellungen.

Classroom ▸

Der Künstler Julian Germain reiste zwischen 2004 und 2012 in 19 Länder, um Schulklassen unterschiedlichster Altersstufen zu porträtieren. Entstanden sind rund 460 Bilder, die an traditionelle Klassenfotos erinnern. Germain baut die Abbildungen formal möglichst gleich auf, indem er die SchülerInnen oder StudentInnen sitzend oder stehend in ihren Klassenzimmern präsentiert. Die Bilder wirken neutral und objektiv: Die Porträtierten blicken konzentriert in die Kamera und nehmen indirekt Augenkontakt mit den Betrachtenden auf. Durch das Serielle und durch die formale Einheit werden jedoch auch die kulturellen, sozialen und ökonomischen Diskrepanzen offengelegt.

Aus der Serie «Classroom Portraits», 2004–2012
Julian Germain (*1962)
Farbfotografie, gerahmt

Wir sind uns fremd

Es kommt uns vor wie eine ostasiatische Reise. Eine fremde Welt. Wir sind in eine Schule geraten mit vielen kleinen Kindern. Sie schauen uns mit grossen Augen skeptisch an. Wir sind wie im Zoo. Nur: Wer ist hinter den Stäben, wer davor? Einige der Kinder scheinen gelangweilt, andere lachen oder machen ein Victory-Zeichen. Sie sind barfuss, tragen keine Uniformen, aber eine Art bunte Schürzen. Auch ein Hund ist im Raum, er liegt an einer Kette. Was macht er da? Und was soll die Tafel, auf der die Zahl 30 steht? Warum ist das Klassenzimmer vergittert?

Felix, 80 Jahre, und Simon, 16 Jahre

VermittlerInnen aus der Schweiz, Deutschland und Österreich, die bereits Erfahrungen mit intergenerationellen Projekten in ihrem Museum haben, berichten aus der Praxis. Sie zeigen anhand eigener Beispiele Wirkungen, Möglichkeiten und Wege.

Wenn Exponate Menschen verschiedener Altersgruppen neue Impulse geben, profitiert davon auch das Museum.

Anne Marr, München

Begegnungsprozesse moderieren

Ein Museum kann seinem Anspruch als sozialer Erfahrungsraum und seiner gesellschaftlichen Aufgabe der Inklusion gerade auch mit Projekten für verschiedene Generationen gerecht werden. Das Museum reagiert als Bildungsinstitution auf gesellschaftliche Veränderungen und die Heterogenität der Teilnehmenden eröffnet dabei neue Sichtweisen auf das Präsentierte.

Es lohnt sich, Vermittlungsangebote in Museen mit einer ganz heterogenen Zusammensetzung der Teilnehmenden zu konzipieren, vor allem mit Blick auf die Vielfalt der Perspektiven. Als Vermittlerin im Museum Villa Stuck habe ich im März 2014 einen Videoworkshop[1] mit 20 Teilnehmenden durchgeführt, darunter Seniorinnen, jugendliche Schülerinnen und Schüler, Jugendliche mit einer Behinderung sowie unbegleitete, minderjährige Flüchtlinge. Das Projekt dauerte drei Tage und trug den Titel «Der Franz und seine Villa». Es ging darum, die Villa Stuck als Gesamtkunstwerk, als ehemaliges Wohnhaus und Ort der Repräsentation aus heutiger Sicht erfahrbar zu machen. Der Kurs wurde von einem Kunstpädagogen, zwei Medienpädagogen und einem Kameramann unterstützt und die Teilnehmenden waren in vier Kleingruppen aufgeteilt. Im Verlauf zeigte sich: Diese Konstellation entfaltete eine sehr integrative Wirkung. Und es entwickelte sich ein intensives Zusammengehörigkeitsgefühl innerhalb der Kleingruppen. Es gab keine Fronten durch zwei sich gegenüberstehende Gruppen (jung und alt), sondern einfach nur Teilnehmende ohne einen bestimmten oder bestimmenden Stempel. Und so flossen in die zuweilen sehr lustigen Diskussionen die Sichtweisen unterschiedlicher Generationen, Kulturen und Lebenswelten ein, die in der Entstehung von vier unterhaltsamen Kurzfilmen mündeten, die den Maler Franz von Stuck aus neuen Blickwinkeln zeigen.

---

1 Dieser Workshop fand innerhalb der seit 2010 bestehenden Workshop-Reihe KONTAKTlinse statt, die Flüchtlinge und Münchner Schüler in der filmischen Arbeit im Museum Villa Stuck zusammenbringt.

Aus meiner Sicht kann ein Museum seinem Anspruch als sozialer Erfahrungsraum und seiner gesellschaftlichen Aufgabe der Inklusion gerade mit Intergenerationenprojekten gerecht werden. Dabei eröffnet die Heterogenität der Teilnehmenden oft ganz neue Sichtweisen auf das Präsentierte. Die sich ergebenden Gespräche und Interaktionen sind so auch immer ein Prüfstein dafür, wie gut gelungen eine Ausstellung ist.

Menschen verschiedener Generationen begegnen sich, finden in persönlichen Gesprächen zueinander und lernen miteinander, voneinander und übereinander. Intergenerationenprojekte im Museum bedienen zwei wichtige Funktionen für die Teilnehmenden: Sie bilden weiter und bieten Raum für zwischenmenschliche Kommunikation und Interaktion. Das Museum reagiert als Bildungsinstitution der modernen Gesellschaft mit Vermittlungsangeboten auf gesellschaftliche Veränderungen, wie die sogenannte Überalterung. Dabei stehen das Erleben und Lernen der Besuchende im Mittelpunkt, was durch soziale Interaktion und Diskussion unterstützt und ermöglicht wird.[2] Das Museum trägt so zur kognitiven Entwicklung seiner Besuchenden bei und dient als sozialer Erfahrungsraum.

Ein Museum ist ein idealer Ort für die Begegnungen verschiedener Generationen, da die Räume und Exponate zum Austausch einladen. Dabei geht es um die sinnliche und ideelle Aneignung von Ausstellungsgegenständen: Die Betrachtenden werten aktiv, vergleichen mit eigenen Erfahrungen und Ansichten. Sie machen sich Gedanken, warum das Exponat sie interessiert, anspricht, begeistert[3] oder sogar abstösst.

Für gewöhnlich ist es Aufgabe der musealen Vermittlungsarbeit, eine Beziehung zwischen den Exponaten und den Besuchenden des Museums herzustellen. Der Vermittelnde soll seine Rolle nicht in der Lehre, sondern vielmehr als assistierend oder moderierend auffassen, der die Auslegungen des Betrachtenden und dessen individuellen Zugang in den Mittelpunkt des Interesses stellt. Anstatt fertiger Interpretationen sollte er nur Informationsmaterial bereitstellen und Hinweise zur Beschaffenheit der Exponate geben,

---

2 Vom Lehn, Dirk und Heath, Christian: *Das Museum als Lern- und Erlebnisraum.* Beitrag zum Soziologiekongress 2002 Plenum 13: Wissen, Bildung, Unterhaltung in Entstaatlichungsprozessen. In: www.academia.edu/193808/Das_Museum_als_Lern-_und_Erlebnisraum (30.04.2014). S. 1.

3 Schöwel, Katja: *Der Betrachter ist im Bild – Rezeptionsästhetik.* In: Hofmann, Fabian, Rauber, Irmi, Schöwel, Katja (Hrsg.): Führungen, Workshops, Bildgespräche. Ein Hand- und Lesebuch für Bildung und Vermittlung im Kunstmuseum. München 2013. S. 82–83. Hier S. 82.

4 Scholz, Oliver R.: *Höherer Stuss oder die Anleitung zum Genuss? Zwei Modelle der Kunstvermittlung.* In: Nida-Rümelin, Julian und Steinbrenner, Jakob (Hrsg.): Kunst und Philosophie. Band 4 Kunstvermittlung in den Medien. Ostfildern 2011. S. 45–59. Hier S. 54.

5 Ekici, Nezaket: *Rezeptionsästhetische Theorien und deren praktische Anwendung bei der Vermittlungsarbeit im Museum, aufgezeigt anhand des Gemäldes «Die Vision des heiligen Franziskus» von Carlo Sareceni in der Alten Pinakothek München,* München 2000. (Zugl. Magisterarbeit München 2000). www.ekici-art.de/_d/ekici/Magisterarbeit.pdf (30.04.2014). S. 63.

6 Lüdeking, Karlheinz: *Ist Kunstvermittlung überhaupt noch notwendig?* In: Nida-Rümelin, Julian und Steinbrenner, Jakob (Hrsg.): Kunst und Philosophie. Band 4 Kunstvermittlung in den Medien. Ostfildern 2011.S. 27–43. Hier S. 42f.

um dem Betrachtenden ein umfassenderes Verständnis zu ermöglichen und dessen Beziehung zum Exponat zu vertiefen.[4] Im Museum spielen der individuelle Blickwinkel und das eigene Hintergrundwissen eine grosse Rolle. Zudem bringt jeder Betrachtende seine Lebenserfahrung ein und verbindet völlig unterschiedliche Erinnerungen und Assoziationen mit einem Exponat, dessen spezifischer Charakter immer erst in der Wahrnehmung durch den Betrachtenden entsteht. Je mehr Perspektiven der Betrachtende einnehmen kann, desto mehr sieht er.[5]

Die Perspektivität erhält besonders bei Intergenerationenprojekten eine grosse Bedeutung, da die Betrachtenden in der Diskussion und in der Interaktion nicht nur ihre persönliche Sichtweise, sondern auch die ihrer jeweiligen Generation einbringen. Durch die Begegnung vielfältiger, generationenübergreifender Erfahrungen wird eine erweiterte und womöglich völlig neue Deutung möglich.

Das Exponat in der Vermittlerrolle

Das herkömmliche Beziehungsgeflecht im Museum, bei dem es vorrangig um die Beziehung zwischen Exponat und Betrachtendem geht, ändert sich bei Intergenerationen-Projekten, weil hier die Beziehung der Betrachtenden untereinander im Vordergrund steht. So übernimmt der Ausstellungsgegenstand die Rolle des Vermittlers, der die Menschen verschiedener Generationen einander näher bringt. Die MuseumspädagogInnen können in diesem spannenden Begegnungsprozess als Moderatoren «verschiedenen Betrachterinnen und Betrachtern [...] die Gelegenheit geben, sich über ihre jeweiligen Sichtweisen zu verständigen»[6]. Die Lebhaftigkeit der Diskussionen und die Vielschichtigkeit und Tiefgründigkeit in der Deutung können auch Aufschluss über den Gehalt der Ausstellung geben.

Wenn Exponate es vermögen, Menschen verschiedener Altersgruppen neue Impulse zu geben, für ausreichend Gesprächsstoff zu sorgen, ihnen eigene Erfahrungen und Erinnerungen zu entlocken, profitiert auch das Museum. Dem im Rückschluss die Aufgabe obliegt, durch die Ausstellungen den Austausch zwischen den Menschen gezielt zu fördern und neue Deutungen entstehen zu lassen und für diese auch empfänglich zu sein.

Aktivierende Settings ermöglichen den besten Austausch zwischen Generationen.

Eva Kolm, Wien

Altersunterschiede im Museum

Museen als Orte der Kommunikation eignen sich besonders gut für intergenerative Begegnungen: Sie sind keiner Generation zugeordnet und bieten gute Anreize, um Perspektiven auszutauschen. Angehörige verschiedener Generationen bringen sich unterschiedlich ein und profitieren vor allem von aktivierenden Vermittlungsangeboten.

KulturKontakt Austria (KKA)[1] arbeitet an der Schnittstelle von Kunst, Kultur und Schule und verwirklichte in Zusammenarbeit mit Kunstinstitutionen mehrere intergenerative Medienprojekte in Österreich. Vermittlungsprogramme in Museen fördern den Austausch zwischen den Generationen: Sie nutzen die Vielfältigkeit der ausgestellten Werke, um sie aus verschiedenen Blickwinkeln zu interpretieren. Sie finden viele Anknüpfungspunkte für aktives Tun, das über das Sprechen hinausgeht. Und sie erlauben SeniorInnen und Jugendlichen unterschiedliche Ansätze und Einsätze in der gestaltenden Auseinandersetzung mit Kunst.

Im Jahr 2007 war KKA mit der Leitung der Schulaktion «Voneinander lernen: Bridging the Generation Gap»[2] beauftragt: Kinder und Jugendliche sollten SeniorInnen beim Kennenlernen der Kommunikationsmöglichkeiten mit digitalen Medien unterstützen; die SeniorInnen trugen ihre Erfahrungen mit Kommunikationsformen aus ihrer Jugend bei. Zwei der 29 Projekte fanden in Zusammenarbeit mit «Ich sehe was, was du nicht siehst – Verein zur Förderung generationsübergreifender Vermittlungsarbeit im Kulturbereich»[3] im mumok und in der Secession statt, wo Kinder und SeniorInnen verschiedene Werkzeuge benutzten und digitale Fotos machten.

---

1 KKA ist ein europäisches Kompetenz- und Ressourcenzentrum mit den Kernbereichen Bildung, Kultur und Kunst und den geografischen Schwerpunkten Österreich, Ost- und Südosteuropa, das im Auftrag und mit Unterstützung des Bundesministeriums für Bildung und Frauen und des Bundeskanzleramtes tätig ist. Der Programmbereich Kulturvermittlung in KKA konzipiert, begleitet und fördert partizipative Projekte und Aktivitäten der kulturellen Bildung mit Schulen in ganz Österreich.

2 wsis.schule.at/, s.a. www.mumokmedia.at/ichsehewas/

2011 bis 2013 war KKA Partner im europäischen Projekt «mix@ges – Intergenerational Bonding via Creative New Media»[4], das die kreative Nutzung digitaler Medien für den intergenerativen Austausch in kulturellen und Community-Kontexten untersucht hat. In 15 Workshops in Belgien, Deutschland, Österreich, Schottland und Slowenien wurde erprobt, wie Gruppen mit älteren und jüngeren TeilnehmerInnen den Zugang zu Kunst und Kultur mit digitalen Mitteln gestalten können. Alltagsgegenstände wie Mobiltelefone oder iPods wurden in kreative Werkzeuge verwandelt, für beide Generationen unbekannte digitale Technologien konnten in Workshops ausprobiert werden. Die drei österreichischen Workshops fanden im mumok, im Lentos Kunstmuseum Linz und im Museum der Moderne Salzburg statt. Die Ergebnisse und Erfahrungen aus mix@ges sind im Detail online auf www.mixages.eu und in einer Publikation nachzulesen.[5]

Herausforderung und Potenzial

Als koordinierende Institution konnte KKA einige Gemeinsamkeiten bei den verschiedenen Projekten aus den Rückmeldungen der Leitenden und der Teilnehmenden sowie eigenen Beobachtungen herauskristallisieren.

Das Finden der älteren TeilnehmerInnen erwies sich als grosse Herausforderung. Einzelpersonen sind kaum direkt ansprechbar – die Zusammenarbeit mit bestehenden Netzwerken und Partnerinstitutionen hat sich als besonders hilfreich herausgestellt. Die jungen TeilnehmerInnen sind im Schulzusammenhang als bereits organisierte Gruppe ein klassisches Ansprechspublikum für Museen, ihre Einbindung ist entsprechend professionalisiert. Allerdings gestaltete sich die Terminkoordination aufgrund des strikten zeitlichen Korsetts im Schulsystem kompliziert.

Die Zusammenarbeit mit Schulen schmälert das Potenzial nonformaler Bildungsprozesse, in denen die Verpflichtung zur Teilnahme und die Prüfung der erfolgreichen Bewältigung wegfallen und die Interessen und Anliegen der TeilnehmerInnen stärker im Mittelpunkt stehen. Dabei sind Kunstmuseen besonders gut geeignet als Orte für nonformales Lernen: Die Wahrnehmung der BesucherInnen spielt eine grosse Rolle und sie

---

3 «Ich sehe was, was du nicht siehst» entstand infolge einer KKA-Initiative zum Thema «Kulturinstitutionen und Keywork».

4 mix@ges wurde aus Mitteln des Grundtvig-Programms im Rahmen des Programms für lebenslanges Lernen der Europäischen Union gefördert. Partner waren Institut für Bildung und Kultur e.V. (IBK), Remscheid, Deutschland, University of Strathclyde, Glasgow, Schottland, Entr'âges, Brüssel, Belgien, Zveza društev upokojencev Slovenije (ZDUS), Ljubljana, Slowenien.

5 Almuth Fricke (Hg.): *The mix@ges Experience. How to promote intergenerational bonding through creative digital media*, Remscheid 2013

6 Schaie, K. Warner; Willis, Sherry L. & Caskie, Grace I. L. (2004). *The Seattle Longitudinal Study: Relation between personality and cognition. Aging, Neuropsychology and Cognition zit.* bei Franz Kolland: Lebensqualität durch Bildung: Forschungsbefunde, Präsentationsunterlage November 2013

kann – gemeinsam mit der Vieldeutigkeit des künstlerischen Ausdrucks – die notwendige Offenheit für den kreativen Austausch innerhalb und zwischen den Generationen unterstützen. Museen sind auch «neutral» in dem Sinne, dass sie nicht einer bestimmten Generation zugerechnet werden. So können Perspektiven der jeweils anderen Altersgruppe kennengelernt und ihre Blickwinkel ausprobiert werden. Das ist der Aspekt intergenerativer Zusammenarbeit, der neben der für sie erstaunlichen Offenheit und Freundlichkeit von Beteiligten am häufigsten positiv herausgestrichen wurde!

Beide Altersgruppen zeigten sich geübt im «Kreativ-Sein», wobei vor allem gegen Ende der Medienworkshops die digitale Technik mehr von den Jugendlichen benutzt wurde, während die Älteren eher die Rolle von RegisseurInnen einnahmen. Unterschiede zeigten sich auch in der Geschwindigkeit der TeilnehmerInnen, auf die von den WorkshopleiterInnen in der Planung Bedacht gelegt werden muss. Die SeniorInnen benötigten vor allem beim Erlernen neuer (hier: digitaler) Techniken mehr Zeit, andererseits waren die Jugendlichen oft schwerer zur Reflexion über ihr Tun zu bewegen. Ausgehend von den beiden Aspekten «Rolle» und «Geschwindigkeit» in der intergenerativen Arbeit stellte sich für uns die Frage: Erhebt «voneinander lernen» auch den Anspruch, dass am Ende des Projekts «alle alles können»? Oder reicht es aus, wenn sich die Generationen mit ihren Stärken einbringen?

Der Umgang mit Unterschieden führt auch zum letzten Punkt der Gemeinsamkeiten der hier analysierten intergenerativen Begegnungen: Während sich Jugendliche in rein kommunikativen Settings weniger stark einbrachten, trugen Rollenspiele, Aufstellungen, Skizzen, die Verwendung von «Werkzeugen» etc. zu einem gleichberechtigten Diskurs bei. Diese Erfahrungen entsprechen der Beobachtung, dass die verbalen Fähigkeiten ab einem Alter von 53 Jahren auf ihrem Höhepunkt sind, während zum Bespiel die Wahrnehmungsgeschwindigkeit zu diesem Zeitpunkt bereits massiv abgenommen hat.[6] Fazit: Aktivierende Settings ermöglichen den besten intergenerativen Austausch!

Leider steht die intergenerative Arbeit in Österreich nach wie vor auf vergleichsweise schwachen Füssen: Im Kulturbereich existieren nur vereinzelt Beispiele, noch weniger gibt es Strukturen dafür. Dabei stellt ein intergeneratives Angebot eine gute Möglichkeit für Kulturinstitutionen dar, SeniorInnen auf ungewohnte Weise anzusprechen und als MultiplikatorInnen zu gewinnen. Ein möglicher Ausgangspunkt für eine positive Entwicklung könnte eine Institution sein, die intergeneratives Arbeiten als Hauptschwerpunkt hat und nachhaltig Partnerschaften zwischen Einrichtungen für jüngere und ältere Menschen aufbaut und unterstützt.

Zwischen den Zielgruppen kam es schnell zu Gesprächen über Klischees, Ängste und konstruktive Sichtweisen.

Sybille Kastner, Duisburg

Nachhaltig verändert

«Hey Alter...!» war die erste intergenerationelle Ausstellung im Lehmbruck Museum in Duisburg. Sie sollte der demografischen Entwicklung Rechnung tragen und bot ausserdem ein neues Experimentierfeld. «Hey Alter...!» hat das Museum nachhaltig verändert. Und die Kunst hat sich als sehr geeignetes Medium für den Dialog der Generationen erwiesen.

Das Lehmbruck Museum in Duisburg ist bekannt durch seine hochrangige internationale Skulpturensammlung, die Exponate von der klassischen Moderne bis hin zu zeitgenössischer Kunst umfasst. Das Haus ist stolz auf seine Kunstvermittlung, die seit gut zwei Jahrzehnten Programme für verschiedenste Besuchergruppen und deren Bedürfnisse entwickelt, darunter in Vorreiterrolle auch für Menschen mit dementiellen Veränderungen. Ausstellungen mit speziellen Vermittlungsformaten heben besondere Aspekte des Kunsterlebens hervor. Künstlerische und gesellschaftliche Diskurse setzen Impulse und sorgen für steten Wandel der Vermittlungskultur. Das Lehmbruck Museum liegt mitten im Ruhrgebiet. In der Region, die 2010 Kulturhauptstadt war, wurden gesellschaftliche Veränderungsprozesse schon immer schneller und prägnanter sichtbar. So auch der demografische Wandel.

Unter dem Titel «Hey Alter...!» eröffnete das Lehmbruck Museum am 9. Dezember 2012 erstmals eine intergenerationelle Ausstellung. Sie sollte der demografischen Entwicklung Rechnung tragen und bot ein erweitertes Experimentierfeld, um die quantitative und qualitative Einbindung älterer Besucher zu verbessern und für sie attraktive und differenzierte Konzepte zu entwickeln. Ein Vermittlungsprogramm fokussierte den Dialog zwischen Jugendlichen im Alter von ca. 14 bis 20 Jahren und Menschen ab 60 plus. Die Ausstellung zeigte verschiedene künstlerische Positionen zum Thema «Jugend und Alter». Sie war innovativ und einzigartig, dank der Kombination von Kunstausstellung mit hochrangigen Exponaten – zeitgenössische Leihgaben und Werke der Sammlung – und intergenerationellem Vermittlungsprogramm. Zwischen den beiden Zielgruppen kam es schnell zu Gesprächen über Klischees, Ängste, aber auch über konstruktive Sichtweisen von Jugend und Alter. Eine besondere Rolle spielte dabei das «Tagtool», eine Art digitales Zeichenbrett. Es fungierte zum einen als Symbol für die Trennung der Generationen in «Digital Natives» und «Digital Immigrants». Zum anderen führte es als künstlerisches Medium die Generationen zusammen. Als Generationen-Tandems konnten sie zusammen zeichnen, animieren und ihren Beitrag live in der Ausstellung an die Wand projizieren. In zwei Workshops wurde der Umgang mit dem Tagtool vermittelt. Bei der Finissage präsentierten alle Teilnehmenden ihre neuerworbenen Kompetenzen mit dem Tagtool, begleitet von einstudierten Rock- und Popsongs aus einem Musikworkshop.

Blind-Date-Führungen

Das erfolgreichste Vermittlungsformat waren jedoch die sogenannten Blind-Date-Führungen. Besucherinnen und Besucher aus jeweils verschiedenen Generationengruppen buchten eine Führung, ohne sich vorher zu kennen. Die Begegnung fand in der Führung vor den Kunstwerken beim Kunstgespräch statt. Zuvor geschulte Ausstellungsakteure, ältere interessierte Museumsbesucherinnen und -besucher, wurden selbst zu Vermittelnden und moderierten den Generationendialog. Sie genossen ihre kompetente Rolle, brachten sich auch an Wochenenden ein und gaben wertvolle Impulse für die Ausstellung. Dieses Vermittlungsformat wird auch in Zukunft im Museum den Generationendialog beleben.

Es gab jedoch auch einige Hürden zu überwinden. Die Ausstellung war nicht nur für die Besucher Neuland, sondern auch für das Vermittlungsteam. Zwei so unterschiedliche Altersgruppen in einer Führung zusammenzubringen war neu, der teilweise sehr verschiedene Sprachgebrauch und die durch Lebenserfahrung unterschiedliche Kunstrezeption wollten gut moderiert werden. Eine neue Erfahrung! Auch bei der Planung von Programmen und Treffen galt es, die Zeitressourcen von Jugendlichen und Älteren organisatorisch zu berücksichtigen. Eine grosse Herausforderung entstand auch für die Presse- und Marketingabteilung, die neue Strategien der Zielgruppenansprache finden musste.

Museum verändert, Museumsteam sensibilisiert

Das Projekt hat das Lehmbruck Museum nachhaltig verändert: Die Ausstellung erweckte bei allen Besuchenden Neugier, und das Museumsteam wurde für die intergenerationelle Arbeit und die Zielgruppe der Älteren sensibilisiert. Das ist wichtig, denn allzu gerne schielt man in Museumskreisen lieber nach dem jungen Publikum, das vermeintlich mehr Glamour verspricht. Die Furcht vor Überalterung ist gross und die eigenen Abwehr des Themas ebenfalls. Die Ausstellung «Hey Alter…!» hat nicht nur ein facettenreiches Bild vom Alter gezeigt, sondern auch das Potenzial intergenerationeller Arbeit für alle sichtbar gemacht, Einstellungen verändert und damit den Weg für neue Projekte frei ge-

---

1 *Evaluation «Hey Alter…!»* http://issuu.com/ibk-kubia/docs/hey_alter_evaluation_web

macht, von denen einige bereits umgesetzt wurden. Die Kunst hat sich dabei als ein sehr geeignetes Medium für den Generationendialog erwiesen. Das Projekt wurde durch das Institut für Bildung und Kultur systematisch evaluiert und der Bericht öffentlich zugänglich gemacht.[1] Die Erfahrungen sind auch auf andere Museen übertragbar.

In vielen Museen in Deutschland ist man mittlerweile unterwegs zu neuen Ufern. Der Bundesverband Museumspädagogik gründete 2013 den Arbeitskreis «Generation 60+». Die Ausstellung wurde als Praxisbeispiel bei der Kickoff-Veranstaltung und auf verschiedenen anderen Tagungen vorgestellt. In Weiterbildungen und Aufbaustudiengängen zur Kulturgeragogik können sich Kunst- und Kulturvermittelnde für die Zielgruppe der Älteren qualifizieren. Dennoch erscheint intergenerationelles Arbeiten in deutschen Museen vielerorts noch an einzelne Projekte gebunden. Dabei wäre eine kontinuierliche Arbeit sehr fruchtbar. Ältere bringen nicht nur viel Erfahrung und Fachwissen in den Dialog mit Jugendlichen ein, sondern auch Zeit, Verbindlichkeit, Vertiefung und Verankerung – Qualitäten, nach denen sich gerade junge Menschen sehnen. «Hey Alter…!» zeigt, dass es sich lohnt, am Generationendialog mit langem Atem dranzubleiben.

PRAKTICA

Ein Kaktus lebte mitten in der Halbwüste. Es war ihm schon lange zu heiss. Er wünschte sich Wasser. Auf einmal sah er von weit her …

Die grünen Wüstenschlümpfe.
Erzählt von Avinash, 15 Jahre, und Andi, 35 Jahre
(Bild auf folgender Doppelseite).
Fortsetzung: www.gim-geschichten.ch
→ Sukkulenten-Sammlung

**Ziel ist es,
die Angst
vor Nichtwissen
Schritt für
Schritt
abzubauen.**

Heike Munder und Alena Nawrotzki, Zürich

Austausch im Möglichkeitsraum

Zeitgenössische Kunst sowie ein dynamisches und prozesshaft orientiertes Museum mit einem altersdurchmischten Publikum sind die idealen Voraussetzungen für einen Austausch zwischen den Generationen. Das Migros Museum für Gegenwartskunst zeigt, dass Museen perfekte Orte für offene, tolerante und experimentelle Generationenbegegnungen sein können.

Das Migros Museum für Gegenwartskunst – eine Institution des Migros-Kulturprozent – hat in den letzten knapp 20 Jahren seit seiner Gründung eine spezifische und eigenständige Sammlung internationaler zeitgenössischer Kunst erweitert, deren Entstehen bis in die 1970er-Jahre zurückgeht. Die Sammlung bildet das Herz des Museums und ist heute eng mit der Ausstellungstätigkeit verknüpft. Neben thematischen Präsentationen dieser Bestände bestimmen Einzel- oder Gruppenausstellungen internationaler KünstlerInnen das Programm. In enger Zusammenarbeit mit diesen entstehen neue umfangreiche Produktionen, die oftmals in die Sammlung einfliessen. Das Museum setzt weniger auf Bewährtes und kanonisierte Positionen, sondern nimmt eine aktive Rolle in der zeitgenössischen Produktion und Reflektion von Kunst ein. Der dabei in Gang gesetzte Prozess ist offen, dynamisch und nicht abgeschlossen – Kunstgeschichte bleibt beweglich und kann überprüft, korrigiert und variiert werden.

In sein Selbstverständnis bezieht das Museum darüber hinaus ein interdisziplinäres Rahmen- und Vermittlungsprogramm ein, das die Ausstellungen erweitert und kontextualisiert. Die vielfältigen Veranstaltungen sollen den Austausch über Kunst bei den BesucherInnen anregen und eine Plattform bieten, auf der vertiefte Diskussion und Auseinandersetzung möglich sind. Sie liefern nicht nur Fakten und Hintergrundwissen, sondern es werden auch theoretische Fragestellungen angesprochen, der wissenschaftliche Diskurs und die Theorieanbindung vorangetrieben, die Kreativität geweckt und das «Sehen» gefördert. Ziel ist es unter anderem, die Angst vor dem Nichtwissen, die oft die Begegnung mit zeitgenössischer Kunst begleitet, Schritt für Schritt abzubauen.

So greift das Museum auch im Rahmen- und Vermittlungsprogramm sein Grundverständnis der Offenheit und Prozesshaftigkeit auf und sieht sich nicht als Übermittler einer gültigen Interpretation, sondern als Raum, in dem viele Perspektiven verhandelt werden und gerade das Gespräch konstituierend ist. Die Kunst eröffnet einen Möglichkeitsraum, der zum Reden anregt. Sie existiert, so behauptet der deutsche Erziehungswissenschaftler Karl-Josef Pazzini (vgl. Pazzini 2003, S. 85/86), nicht substanziell, sondern nur relational. Sie ist per se ein sozialer Moment, ein Austauschpunkt.

Zeitgenössische Kunst spiegelt auf eigene Weise die uns umgebende Welt, auch wenn sie oftmals Verbindungen in die Vergangenheit schlägt. In der Auseinandersetzung mit ihr sind unterschiedliche Meinungen willkommen und nötig. Das Museum richtet sich somit an ein aufgeschlossenes Publikum, das offen ist für Auseinandersetzung und Entdeckung.

Wie eine im Jahr 2009 durchgeführte Studie der Universität Lüneburg zeigt, beschränkt sich das Interesse an zeitgenössischer Kunst nicht auf eine Altersgruppe. Menschen unterschiedlichen Alters besuchen das Museum. Folgende Verteilung wurde ermittelt: 14 bis 20 Jahre: 2,5 %,[1] 21 bis 30 Jahre: 21 %, 31 bis 40 Jahre: 25 %, 41 bis 50 Jahre: 23 %, 51 bis 60 Jahre: 15 %, älter als 60 Jahre: 12,5 % (vgl. Wuggenig 2012, S. 235). Das Museum hat mit dieser Besucherdurchmischung etwas Einzigartiges erreicht: Es ist eines der wenigen kulturellen Angebote, das viele Altersstufen gleichermassen anspricht. Die Voraussetzung für den Besuch, so kann behauptet werden, ist die Neugierde.[2] Sie wird begleitet von einer Offenheit, neue Dinge erleben und erfahren zu wollen, das Experiment einzugehen. Das Alter spielt dabei keine Rolle.

An die Wurzeln der Kunst zurückgehen

Das Museum ist ein Ort, an dem über Werte, Vorstellungen, Gesellschaftliches und Emotionales gesprochen wird, an dem Alltag und Welt reflektiert werden. Es bietet einen Möglichkeitsraum, in dem der Austausch zwischen Menschen verschiedenen Hintergrundes stattfindet. Im Fall des Migros-Kulturprozent-Projektes «Generationen im Museum» sind dies Menschen unterschiedlichen Alters.

Teil dieses Projekts waren zwei Pilotveranstaltungen im Migros Museum für Gegenwartskunst. Interessierte verschiedener Generationen trafen sich, um ausgehend von der Ausstellung über das Thema Zukunft zu sprechen und ein gemeinsames, utopisches Zukunftsszenario zu entwickeln. Der zweite Pilot lud zur genauen Werkbetrachtung und zum anschliessenden Geschichtenerfinden ein. Der Unterschied zu vielen existierenden

---

1 In der Gruppe der 14- bis 20-Jährigen sind die Besuche von Schulklassen nicht berücksichtigt, die aber einen Hauptteil dieser Besuchergruppe ausmachen. Dies erklärt den niedrigen Wert.

2 Neben einer Neugierde spielt der Bildungshintergrund eine nicht zu unterschätzende Rolle – 60 % der BesucherInnen besitzen einen Hochschulabschluss (vgl. Kastelan, Tarnai, Wuggenig 2012, S. 106).

Vermittlungsformaten, die sich an Familien richten, liegt darin, dass diese normalerweise eher die Bedürfnisse nur einer Zielgruppe – seien es die Eltern oder die Kinder und Jugendlichen – erfüllen. Das generationsübergreifende Angebot verändert den Fokus und kehrt, so sei zur Diskussion gestellt, zu den Wurzeln der Kunst selbst zurück: zum Austausch, zum Nachdenken, zur Offenheit, zur Reibung und zur Neugierde. Der Austausch ist dabei ein Weg zum Wissen. Der soziale Moment und das Wahrnehmen der Perspektiven anderer Menschen ermöglichen Weltsicht und Weltwahrnehmung.

In der Begegnung mit anderen BesucherInnen kann einer vom anderen lernen. Unterschiedliche Bedürfnisse und Erwartungen an die Kunst begegnen sich, jeder Museumsbesucher bringt aufgrund seines Alters – und damit auch seines Bildungshintergrundes und Lebensstils – andere Voraussetzungen mit in die Kunstwahrnehmung. Die unterschiedlichen Bedürfnisse gehen zurück bis auf die Definition dessen, was als Kunst angesehen werden kann. Gerade die sehr jungen MuseumsbesucherInnen zeigen diesbezüglich eine grössere Offenheit als viele ältere. Daneben reihen sich die VermittlerInnen in dieses Gefüge ein, sie aktivieren, informieren und ermöglichen den Austausch und bringen ihre eigenen subjektiven Sichtweisen auf die Kunst mit. Allen ist aber gemein, dass sie durch die Kunst Rückschlüsse auf das eigene Leben ziehen können, dass sie ihnen hilft, den Alltag zu verstehen.

Offenheit, Respekt, Neugierde, Toleranz

Die Auseinandersetzung mit der zeitgenössischen Kunst schafft so die idealen Rahmenbedingungen für die Begegnung mit Menschen anderen Hintergrundes und anderer Generationen. Die Kunst animiert zur Diskussion und hilft bei einer Alltagsbewältigung, fordert aber gleichzeitig Toleranz und Neugierde. Das Museum gibt diesen Prozessen einen Raum, indem es in seiner Haltung einer dynamischen Konstruktion von Kunstgeschichte offen bleibt für viele Sichtweisen und eine durchmischte Altersgruppe anspricht. Die BesucherInnen begegnen der Kunst mit Offenheit, Respekt und Neugierde. Diese Konstellation kann den Weg zu einem vorurteilsfreien Generationenaustausch idealerweise unterstützen. Beide, die zeitgenössische Kunst an sich und das Museum selbst, bringen die Ideale für das Projekt «Generationen im Museum» mit. Neugierde, Offenheit, Respekt und Toleranz – diese grossen Schlagwörter können zum Ausgangspunkt sowohl für die Rezeption zeitgenössischer Kunst als auch die Begegnung mit anderen Generationen werden.

Literatur:

Heike Munder, Ulf Wuggenig (Hrsg.): *Das Kunstfeld. Eine Studie über Akteure und Institutionen der zeitgenössischen Kunst*. Zürich 2012.

Karl-Josef Pazzini: *Vermittlung ist Anwendung – Ohne Anwendung keine Kunst.* In: Gijs van Tuyl, et. al. (Hrsg.): The Educational Complex. Vermittlungsstrategien von Gegenwartskunst. Wolfsburg 2003.

Man fühlte sich als Teil einer grösseren Bewegung und freute sich über die Unterstützung und Wert-schätzung.

Maja Graf, Zürich

Kritische Reflexionen

Im ersten Halbjahr 2014 fanden in über dreissig Museen der deutschen Schweiz Generationenbegegnungen nach dem «GiM live»-Modell statt. Dieser Paradigmenwechsel stellte allerdings hohe Anforderungen an die verschiedenen KulturvermittlerInnen und führte zu interessanten Veranstaltungen und neuen Erlebnissen. «GiM live» war ein Erfolg.

Mit «GiM live» treffen unterschiedliche Absichten aufeinander: Das Migros-Kulturprozent will Generationen miteinander ins Gespräch bringen, KulturvermittlerInnen wollen ihr Museum und seine Objekte erklären. Bei der Präsentation von «GiM live» an der Fachtagung «Impuls#1» am 16. September 2013 war uns erst wenig bewusst, dass das Umsetzungsprogramm einen Paradigmenwechsel fordert. Entsprechend ernteten wir neben zahlreichen interessierten auch kritische Feedbacks. Offensichtlich war das Angebot attraktiv: 36 Museen mit über vierzig VermittlerInnen meldeten sich für «GiM live» an.

Der Auftrag für eine «GiM live-Veranstaltung» schien einfach: BesucherInnen unterschiedlicher Generationen suchen in Zweiergruppen im Museum gemeinsam ein Objekt, welches sie anspricht. Sie lassen sich Zeit für eine genaue Betrachtung und erfinden miteinander eine Geschichte zum gewählten Objekt. Auf dem anschliessenden Rundgang erzählen sie ihre Geschichte den anderen. In der Pause gehen die Gespräche weiter, begleitet von einer kulinarischen Überraschung, und zum Abschluss vertiefen alle ihre Geschichte in einer zum Museum passenden gestalterischen Form.

Ausgehend von Konzept innovativer sozialer Projekte stellten wir für «GiM live» die BesucherInnen mit ihren Wünschen, Vorlieben und mit ihrer Fantasie ins Zentrum. Theoretischen Hintergrund bildete der konstruktivistische Ansatz, welcher von der individuellen Wirklichkeit und den Wahrnehmungen der jeweils Einzelnen ausgeht. Für einmal sollte es nicht um die herkömmliche Vermittlung von Wissen und Kultur gehen. Vielmehr waren uns der Austausch zwischen Jung und Alt und das gemeinsame Geschichtenerfinden wichtig. Im Lauf des Projekts zeigte sich, dass dieser Denkansatz nicht unbedingt dem Selbstverständnis der Kulturvermittlung entspricht. In der Regel liegt die Deutungshoheit der Ausstellung beim Museum und nicht bei den BesucherInnen.

An der Kickoff-Veranstaltung Ende November 2013 fragten sich wohl manche KulturvermittlerInnen: Ist das seriös? Wo bleibt unser Auftrag, Wissen und Kultur zu vermitteln? Wollen die BesucherInnen so etwas überhaupt? Und kann ich als VermittlerIn mit diesem Setting umgehen? Wir verdeutlichten unsere Absichten und entwarfen gemeinsam Ideen für die konkrete Durchführung einer «GiM live-Veranstaltung». Es herrschte Aufbruchstimmung.

Im Internet stellten wir digitales Unterstützungsmaterial für die Planung und das Marketing des «GiM live-Anlasses» zur Verfügung, per Mail hielten wir Kontakt zu den KulturvermittlerInnen. Anfang Jahr trafen wir alle einmal persönlich an einem von insgesamt acht Vernetzungstreffen. Der Austausch mit den Kolleginnen klärte offene Fragen, das Angebot, neue Museen oder aktuelle Ausstellungen kennenzulernen, wurde sehr geschätzt. Aufgrund dieser Treffen realisierten wir, dass wir als Entwicklerinnen im Planen und Denken weit voraus waren. Bereits im Dezember boten wir Informationen und Hilfsmittel für einen Anlass, der vielerorts erst ein halbes Jahr später stattfinden würde. Für Einzelne kamen unsere Angebote viel zu früh. Der «Planungs-Graben» verschärfte sich dadurch, dass auch für uns – wie immer in Pilotprojekten – durchaus nicht alles klar war, wir nicht auf jede Frage eine durchdachte Antwort bereithielten.

Generationenbegegnungen sind anspruchsvoll

Zwar empfahlen wir den Museen, sich auf kleine Gruppen auszurichten. Zehn bis zwölf Personen genügten für einen ersten Durchgang. Trotzdem erwies sich der Anspruch, den Anlass auf ausserfamiliäre Generationenbegegnungen zu fokussieren, also keinen Familienanlass durchzuführen, als hohe Schwelle. Es reichte nicht, die Veranstaltung im Vermittlungsprogramm des Museums auszuschreiben. Bewährt haben sich direkte Anfragen bei Schulen, Seniorenclubs, Freundeskreisen und Stammgästen des Museums oder im persönlichen Bekanntenkreis.

Die Evaluationen zeigen, dass Generationenbegegnungen anspruchsvoll sind. Wie schafft man möglichst schnell ein Vertrauensklima, welches das Reden und Fantasieren nicht nur erlaubt, sondern dazu anregt? Wie verhindert man, dass Ältere die Jungen mit ausufernden Erzählungen und Belehrungen überfluten? Kurz: Wie schafft man es, dass Menschen unterschiedlichen Alters sich auf Augenhöhe begegnen, sich für den anderen interessieren und gleichberechtigt voneinander profitieren und lernen? Genau das ist der Kern einer geglückten Generationenbegegnung.

Mit verschiedenen Generationen arbeiten heisst auch, in der gleichen Veranstaltung für alle die jeweils passende Sprache finden. «Man muss kommunikationstechnisch auf verschiedenen Ebenen parallel arbeiten, um auf verschiedene Erfahrungshorizonte gleichzeitig eingehen zu können», fasste Valeria Caflisch vom Musée d'Art et de l'Histoire Fribourg diese Herausforderung zusammen. Kennen die Gäste einander nicht, braucht es Zeit, um Vertrauen aufzubauen und ins Gespräch zu kommen. Hemmungen beim Fantasieren müssen zuerst überwunden werden. Das Stapferhaus Lenzburg liess sich einen erfolgreichen Einstieg einfallen: Die Gäste sollten Bezeichnungen für ihre eigene Generation erfinden. Sie liessen sich sofort darauf ein, die Stimmung war von Beginn weg entspannt und heiter.

Der Auftrag «Erfindet eine Geschichte!» verunsicherte manche BesucherInnen, stellten sie sich doch eine Geschichte mit Anfang, Handlung und Ende vor. Eine Überforderung. Als hilfreich erwies sich deshalb nicht nur ein klarer Auftrag, welcher die Aufgabe auf ein machbares Mass reduzierte, sondern zum Beispiel auch Hilfsmittel wie Fragekarten oder Schreibgeschichten-Methoden. Für Nicht-Kunstmuseen war die Erwartung, die Geschichten gestalterisch zu vertiefen, ungewohnt. Bewährt hat sich die Idee, die Gäste (Post-)Karten zu ihren Geschichten gestalten zu lassen. Diese Umsetzung fokussierte sie noch einmal auf die Objekte und Begegnungen. Manche entschieden spontan, einander ihre Karten gegenseitig zuzuschicken, andere adressierten sie an die Familie oder Freunde. Besonders berührt waren die Vermittlerinnen im Museum focusTerra – ETH Zürich davon, «zu sehen, wie bedacht alle waren, eine schöne Karte für ihre neue Bekanntschaft zu gestalten, und vielleicht sind sie ja heute noch in Kontakt» – damit wäre das Ziel von »GiM live» erreicht.

Trotz anfänglichem Zögern und fragenden Gesichtern erlebten die KulturvermittlerInnen, wie der «Geschichten-Auftrag» schnell zu einem regen Austausch unter den BesucherInnen und zu einer gelösten Stimmung führte. Im Kunstmuseum St. Gallen diskutierten die Tandems angeregt vor den einzelnen Kunstwerken und «machten sich wirklich Gedanken darüber. Über diese Diskussion haben sie auch einiges übereinander herausgefunden», bilanzierten Daniela Mittelholzer und Claudia Hürlimann. Ladina Gerber vom Haus Konstruktiv in Zürich freute sich besonders darüber, «dass sich einige Teilnehmende von sich aus meldeten, bei einer nächsten «GiM live-Veranstaltung» gerne wieder mit dabei zu sein».

Die Dokumentation der Veranstaltung brachte den KulturvermittlerInnen einen beträchtlichen Aufwand. Sie mussten Bildrechte klären, die Geschichten erfassen und im Nachhinein Informationen zu den gewählten Objekten und zum Museum zusammenstellen. Insbesondere für VermittlerInnen mit einem kleinen Stellenpensum erwies sich das als Belastung. Andererseits bildeten die GiM-Website und der Geschichtenblog für jedes Museum eine willkommene Möglichkeit, sich öffentlich darzustellen.

Fazit

«GiM live» war sowohl für die Kulturvermittlerinnen wie für die Besuchenden herausfordernd. Letztere fanden sich in einem ungewohnten Setting wieder. Liessen sie sich jedoch darauf ein, erlebten sie eine spannende Begegnung. Die KulturvermittlerInnen lernten ein andersartiges Vermittlungskonzept kennen, das zu neuen Einsichten und beglückenden Erlebnissen führte. Gut kamen die Unterstützungsangebote und Austauschmöglichkeiten an, durch welche man von den Erfahrungen der KollegInnen profitieren konnte. «GiM live» gab Impulse fürs Lernen, Netzwerken, Austauschen.

Nachbetrachtung

Gespannt las ich alle Beiträge dieses Buch. Das GiM-Projekt entstand aufgrund einer Idee der Schweizerischen Gemeinnützigen Gesellschaft (SGG), die das Projekt ideell und die vorliegende Publikation finanziell unterstützte. Mit drei kritischen Fragestellungen liess ich mich auf die Thematik «Generationen im Museum» ein. Menschen in der Tiefe existenziell zu begegnen, scheint die Bereicherung Nummer eins des GiM-Projekts zu sein. Menschen anderer Generationen zu begegnen, scheint die Bereicherung Nummer zwei zu sein. Und Menschen in einem Museum zu begegnen, scheint die Bereicherung Nummer drei des GiM-Projekts zu sein. Warum der dreifache skeptische Unterton?

Erstens ist echte Begegnung mit anderen Menschen keine Selbstverständlichkeit. Viele Kontakte im Alltag sind von Desinteresse und Oberflächlichkeit geprägt, bestenfalls von Nettigkeit und Friedhöflichkeit. Echte Begegnung setzt hingegen eine radikale Offenheit und eine vorurteilsfreie Neugier voraus. Echte Begegnung erfahren wir nur, wenn wir von uns selbst etwas preisgeben, wenn wir uns öffnen, exponieren, riskieren und uns ehrlich für das Gegenüber interessieren. Echte Begegnung verändert unsere Perspektiven und uns selbst. Im Duett weiss man genau, welche Noten gespielt werden, im wahrhaftigen Dialog nicht. Insofern wird die Latte beim GiM-Projekt hoch gelegt.

Zweitens könnte man dem GiM-Projekt gegenüber kritisch einwenden, dass die Wahl der Ziel- oder Interessengruppen willkürlich ist. Wäre ein NiM (Nationen im Museum), ein FuMiM (Frau und Mann im Museum), ein SMiM (Soziale Schichten im Museum) oder ein BmiM (verschiedene Bildungsmilieus im Museum) nicht mindestens so bereichernd und notwendig? Nun, das eine tun und das andere nicht lassen, man muss halt irgendwo anfangen. Fakt ist, dass sich heute die verschiedenen Generationen nicht mehr so regelmässig und automatisch begegnen wie anno dazumal im Mehrgenerationenhaushalt. Dadurch entfallen zwischen den Generationen heute zum Glück die soziale Kontrolle und zahllose Konflikte, aber leider auch die natürliche Weitergabe von Wissen, Erfahrungen und Werten.

Schliesslich könnte man gegenüber dem GiM-Projekt kritisch einwenden, dass Begegnungen zwischen den verschiedenen Generationen auch an beliebigen anderen Orten stattfinden könnten. Auch in Bibliotheken, Computerräumen, Einkaufszentren oder Botanischen Gärten gäbe es zwischen Menschen unterschiedlicher Altersgruppen unzählige Geschichten zu erzählen.

Nach der Lektüre der Artikel und Museumsgeschichten dieses Buches lassen sich viele skeptische Fragen bezüglich des GiM-Projekts entkräften. Vor allem aber überzeugt das GiM-Projekt durch die Wahl des Genius Loci: das Museum bzw. die Museen. Die Vielfalt der 31 an GiM teilnehmenden Museen ist dabei eindrücklich. Und schon die Aufzählung einiger beispielhaft für eine Geschichte ausgewählter Objekte ist inspirierend. In «GiM live-Veranstaltungen» entstanden Geschichten aus oder zu Exponaten wie: Eispickel und

Melkstuhl, Speisewagen der Rhätischen Bahn, Stein, Fotografien, ganzen Häusern, Feuerstellen, Malerei aus verschiedensten Epochen, Saurierzähnen, Skulpturen, Installationen, Kommunikationsmitteln, konkreter Kunst, einem antiken Türpfosten, exotischen Figuren aus fernen Ländern, zu Bisons, zu Kakteen, zum Leben der Alten Römer oder zu abstrakten Themen wie «Entscheidungen».

Museen haben den Vorteil, dass die Begegnung mit den gezeigten Werken, Objekten und Installationen weder den Jungen noch den Alten, weder den klassisch Gebildeten noch den unbeleckten Laien automatisch einen Heimvorteil verschafft. In der Begegnung mit den Exponaten besteht eine grosse Chance auf einen Austausch auf Augenhöhe. Denn in der Konfrontation mit einem Bild, einer Skulptur oder einer Fotografie, einer Installation oder einem Objekt aus der Alltags-, Wirtschafts-, Lokal- oder Kulturgeschichte geht es nicht um Wissen und Rechthaben, um Muskelkraft oder Beweglichkeit. Wenn es darum geht, ob, wie und warum ein Werk oder Exponat einen existenziell ansprechen, entzücken, interessieren, aufbrechen, faszinieren, begeistern, abstossen oder langweilen, gibt es kein Richtig oder Falsch, Besser oder Schlechter. Es geht nicht um die Kenntnis von Stilen und Techniken oder um die Suche nach stofflich Interessantem oder sinnlich Anreizendem.

Durch den persönlichen Austausch über verschiedene Perspektiven, Zugänge und Beziehungen zu Objekten in den verschiedensten Museen öffnen jüngere wie ältere Betrachtende ihren Horizont. Dadurch sehen sie mehr und lernen Neues. Und auch im Erfinden und Erzählen von Geschichten besteht zwischen Menschen unterschiedlicher Generationen, Ziel- oder Interessengruppen eine hohe Chancengerechtigkeit. Während die eine Gruppe vielleicht einen grösseren Erfahrungsschatz an Geschichten oder mehr Reflexionspotenzial besitzt, verfügt die andere Gruppe über eine grössere Unbekümmertheit oder über mehr ungefilterte Fantasie.

Der existenzielle Dialog über Kunst, Kultur und Geschichte ist besonders geeignet für Begegnungen zwischen den Generationen, weil sie Abbild, Ausdruck und Spiegel des einzelnen Menschen wie auch der Gesellschaft sind. Selbstverständlich kann man beim Anblick eines Werks stumpf in den eigenen Vorurteilen, fixen Bildern und Vorstellungen stecken bleiben und taub sein für alles, was dem gewohnten Trott und der seichten Bescheidwisserei nicht entspricht. In der ehrlichen Konfrontation mit einem Exponat und im Erzählen einer erfundenen Geschichte verlassen aber Jung und Alt ihre Geleise und lassen ihren Alltagshorizont aufreissen. «Generationen im Museum» ist darum ein lohnenswertes Risiko.

Lukas Niederberger, Rigi-Klösterli SZ
Geschäftsleiter, Schweizerische Gemeinnützige Gesellschaft (SGG)

Ein schwerer Bronzeblock träumte davon, einmal als Statue in London oder Paris zu stehen. Eines Tages war es so weit: Männer in Kleidern wie Rüstungen

brachten die Legierung zum Schmelzen und gossen die Masse in eine Gipsform …

300 Kilogramm Bronze zum Leben erwecken.
Erzählt von Jean-Marc, 61 Jahre, und Hélène, 86 Jahre.
Fortsetzung auf www.gim-geschichten.ch
→ Skulpturensammlung Erwin Rehmann

«GiM – Generationen im Museum» ist ein Projekt, zu dessen Glücken und Gelingen viele Menschen und Institutionen etwas beigetragen haben. Im folgenden Teil stellen wir alle Beteiligten vor. Wir danken!

Die Autorinnen und Autoren

Matthias Dreyer
Leiter Verwaltung der Stiftung Niedersachsen (seit 2001). Gründungsmitglied Arbeitskreis Museumsmanagement. Lehraufträge an den Universitäten Hamburg, Hannover und Frankfurt (Oder). Zahlreiche Veröffentlichungen zum Museums- und Stiftungsmanagement. Dr. rer. pol. Studium der Wirtschaftswissenschaften.

Franziska Dürr Reinhard
Leiterin des Lehrgangs CAS Kuverum FHNW für Kulturvermittlung/Museumspädagogik (seit 2001). Zuvor Aufbau und Leitung der Kunstvermittlung im Aargauer Kunsthaus Aarau und im Bündner Kunstmuseum Chur. Herausgabe diverser Publikationen zur Kulturvermittlung herausgegeben. Pädagogische Ausbildung, gestalterische Weiterbildung, Schule für Gestaltung Zürich (heute ZHdK).

Hedy Graber
Leiterin der Direktion Kultur und Soziales beim Migros-Genossenschafts-Bund in Zürich (seit 2004). Gründung des Förderfonds Engagement Migros. Präsidentin des Vereins Forum Kultur und Ökonomie, Mitglied des Hochschulrates Luzern sowie zahlreicher Kommissionen, Jurys, Stiftungs- und Verwaltungsräte. Lic. phil. Studium an der Universität Genf in Kunstgeschichte, Germanistik und Fotografie (Ecole d'Arts Visuels).

Maja Graf
Co-Leitung des Umsetzungsprogramms «GiM live». Selbstständige Bildungsfachfrau: Heute Mitentwicklerin von «GiM – Generationen im Museum» und der Generationenakademie, Bildungsverantwortliche von vitaminB. Früher Co-Projekt- und Seminarleiterin Innovage, Leitung CAS Kulturmanagement im Stapferhaus Lenzburg, Dozentin in Nachdiplomstudien von Fachhochschulen. Lic. phil. I, EMBA HSG, dipl. Erwachsenenbildnerin HF, Coach.

Andreas Grünewald Steiger
Leiter des Programmbereichs Museum an der Bundesakademie für Kulturelle Bildung Wolfenbüttel (seit 1991). Lehrbeauftragter der Hochschule für Bildende Künste Braunschweig. Mitglied im ICOM/ITOP sowie im Bundesverband Museumspädagogik. Beirat in der Arbeitsgruppe Bildung und Vermittlung des Deutschen Museumsbundes. Dr. phil. Studium Kulturwissenschaft an der Universität Hildesheim.

Sybille Kastner
Stellvertretende Leiterin der Kunstvermittlung im Lehmbruck Museum Duisburg (D) (seit 2010). Kuratorin der Ausstellung «Hey Alter…!» (2012). Entwicklung von Vermittlungsformaten für Menschen mit besonderen Bedürfnissen (zum Beispiel Seheinschränkungen oder Demenz). Wissenschaftliche Mitarbeiterin in der Forschungsstudie «Entwicklung eines Modells zur gesellschaftlichen Teilhabe von Menschen mit Demenz im Museumsraum».

Eva Kolm
Kuratorin für Kommunikation im Museums- und Ausstellungswesen, Supervisorin (seit 1996 bzw. 2003). Kulturvermittlung in Museen im Büro für Kulturvermittlung, in KulturKontakt Austria sowie freiberuflich. Projekte mit SeniorInnen, u.a. «InCreaSe – Intercultural Creativity of Seniors» und «mix@ges – Intergenerational Bonding via Creative New Media». Mag. Kultur- und Sozialanthropologie-/Pädagogikstudium an der Universität Wien.

Anne Marr
Leitung der Vermittlung im Museum Villa Stuck in München (seit 2008). Konzeption von integrativen Museumsprojekten, Intergenerationen-Workshops und Jugendprogrammen. Kuratorin von diversen Ausstellungen. Studium der Kunstgeschichte, Volkskunde und Italienischen Philologie in Leipzig und München.

Heike Munder
Leiterin des Migros Museum für Gegenwartskunst in Zürich (seit 2001). Herausgeberin und Autorin zahlreicher Kataloge und Textbände. 2012 Jury-Mitglied des renommierten Turner Prize, London. Neben ihrer kuratorischen Tätigkeit nimmt sie regelmässig Lehraufträge wahr und publiziert in diversen Kunstzeitschriften und Büchern. 1995–2001 Co-Gründung und -Leitung der Halle für Kunst e.V. in Lüneburg.

Alena Nawrotzki
Wissenschaftliche Mitarbeiterin für Kunstvermittlung am Migros Museum für Gegenwartskunst in Zürich (seit 2012). Davor Tätigkeit im Kunstverein in Hamburg. Studium der Angewandten Kulturwissenschaften an der Universität Lüneburg und der Università degli Studi di Milano mit dem Schwerpunkt auf Kunst nach 1945 und Literatur. Mitgründung von diversen Projekträumen.

Lukas Niederberger
Geschäftsleiter der Schweizerischen Gemeinnützigen Gesellschaft (SGG). Der Theologe war 1995–2008 in der Leitung des Bildungszentrums Lassalle-Haus bei Zug tätig. Als Autor und Referent thematisiert er Fragen im Bereich Gesellschaft, Ethik und Religion. Daneben wirkt er als Berater, Ritualbegleiter und Vorstandsmitglied von sozialen Institutionen. www.lukasniederberger.ch

Pasqualina Perrig-Chiello
Professorin am Institut für Psychologie, Universität Bern. Forschungsschwerpunkte: Wohlbefinden und Gesundheit über die Lebensspanne, familiale Generationenbeziehungen, biografische Transitionen und kritische Lebensereignisse. Leitung des Nationalen Forschungsprogramms zu Generationenbeziehungen (NFP52). Publikationen u.a. Generationenbericht Schweiz (2008), Sozialbericht Schweiz Fokus Generationen (2012).

Jessica Schnelle
Leiterin Fachbereich Generationen in der Direktion Kultur und Soziales (seit 2012). Zuständig u.a. für die Projekte «GiM – Generationen im Museum», «Generationenakademie» und «GrossmütterRevolution». Zuvor Projektleiterin für Demografie-Management im HR-Management der Migros Gruppe. Dr. phil. in Psychologie an der Universität Zürich, Bereich Motivationspsychologie.

David Vuillaume
Leitung Generalsekretariat des Verbandes der Museen der Schweiz VMS (seit 2006). Stiftungsratsmitglied des Schweizerischen Museumspasses und Vorstandsmitglied im Europäischen Museumsverband (Network of European Museum Organisations). Davor unterschiedliche Funktionen in verschiedenen Museen und Institutionen. M.A., Studium der Kunstgeschichte, Museologie und Betriebswirtschaft in Lausanne und Zürich.

Die Museen und ihre Verantwortlichen für «GiM live»

Alpines Museum der Schweiz
Helvetiaplatz 4
3005 Bern
+41 31 350 04 40
www.alpinesmuseum.ch
Vermittlerin: Lucia Reinert

Bahnmuseum Albula
Plazi 2a
7482 Bergün
+41 81 420 00 06
www.bahnmuseum-albula.ch
Vermittlerin: Nora Hauswirth
Kurator: Pius Tschumi

***focus*Terra – ETH Zürich**
Sonneggstrasse 5
8092 Zürich
+41 44 632 62 81
www.focusterra.ethz.ch
Vermittlerinnen:
Bettina Gutbrodt und Claudia Bieler

Fotostiftung Schweiz
Grüzentrasse 45
8400 Winterthur
+41 52 234 10 30
www.fotostiftung.ch
Vermittlerin: Fanny Vogler

Freilichtmuseum Ballenberg
Museumsstrasse 131
3858 Hofstetten
+41 33 952 10 30
www.ballenberg.ch
VermittlerInnen: Susanne Kudorfer und Stefan Seiler

Heimatmuseum Davos
Museumstrasse 1
7260 Davos Dorf
+41 81 416 26 66
www.heimatmuseum-davos.ch
Vermittlerinnen:
Barbara Ryf-Wehrli und Helene Elmer

Kindermuseum Creaviva
Zentrum Paul Klee
Monument im Fruchtland 3
3006 Bern
+41 31 359 01 61
www.creaviva-zpk.org/de
Kunstvermittlerinnen: Kaja Lang und Verena Wyss

Kirchner Museum Davos
Promenade 82
7270 Davos
+41 81 410 63 04
www.kirchnermuseum.ch
Kunstvermittlerin: Inge Sadovsky

KULTURAMA
Museum des Menschen
Englischviertelstrasse 9
8032 Zürich
+41 44 260 60 44
www.kulturama.ch
Vermittlerinnen: Isabelle Stöckli und Nathalie Bossi

Kunsthalle Ziegelhütte
Ziegeleistrasse 14
9050 Appenzell
+41 71 788 18 60
www.kunsthalleziegelhuette.ch
Kunstvermittlerin: Daniela Mittelholzer

Kunsthaus Zürich
Heimplatz 1
8001 Zürich
044 253 84 84
www.kunsthaus.ch
Kunstvermittlerin: Eveline Schüep

Kunstmuseum Bern
Hodlerstrasse 8–12
3000 Bern 7
+41 31 328 09 44
www.kunstmuseumbern.ch
Kunstvermittlerin: Magdalena Schindler

Kunstmuseum Olten
Kirchgasse 8
4603 Olten
+41 62 212 86 76
www.kunstmuseumolten.ch
Kunstvermittlerinnen:
Daniela Müller und Christiane Hoefert

Kunstmuseum St. Gallen
Museumstrasse 32
9000 St. Gallen,
+41 71 242 06 71
www.kunstmuseumsg.ch
Kunstvermittlerinnen:
Claudia Hürlimann und Daniela Mittelholzer

Kunstmuseum Thun
Hofstettenstrasse 14
3602 Thun
+41 33 225 84 20
www.kunstmuseumthun.ch
Kunstvermittlerinnen:
Prisca Beuschat, Sara Smidt

Landesmuseum Zürich
Museumstrasse 2
8001 Zürich
+41 44 218 65 11
www.landesmuseum.ch
Bildung & Vermittlung:
Prisca Senn und Magdalena Rühl

Migros Museum für Gegenwartskunst
Limmatstrasse 270
8005 Zürich
+41 44 277 20 50
www.migrosmuseum.ch
Kunstvermittlerinnen:
Anke Hoffmann, Brigit Meier, Alena Nawrotzki

Museum für Kommunikation
Helvetiastrasse 16
3005 Bern
+41 31 357 55 55
www.mfk.ch
Kulturvermittlerin: Eva Badrutt

Museum für Kunst und Geschichte Freiburg
Rue de Morat 12
1700 Fribourg
+41 26 305 51 40
www.fr.ch
KunstvermittlerInnen: Valeria Caflisch,
Julia Taramarcaz und Wojtek Klakla

Museum Haus Konstruktiv
Selnaustrasse 25
8001 Zürich
+41 44 217 70 80
www.hauskonstruktiv.ch
Kunstvermittlerin: Ladina Gerber

MiK Museum im Kornhaus
Hauptstrasse 58 (Hafenplatz 2)
9400 Rorschach
+41 71 841 40 62
www.museum-rorschach.ch
Museumsleiter: Hermann Fuhrimann

Museum Rietberg Zürich
Gablerstrasse 15
8002 Zürich
+41 44 415 31 31
www.rietberg.ch
Vermittlerinnen: Maya Bührer und Caroline Spicker

NONAM Nordamerika Native Museum
Indianer und Inuit Kulturen
Seefeldstrasse 317
8008 Zürich
+41 44 413 49 90
www.nonam.ch
Museumsleiterin und Kuratorin: Heidrun Löb
Vermittlerin: Katharina Kägi

Ritterhaus Bubikon
Ritterhausstrasse 35
8608 Bubikon
+41 55 243 39 74
www.ritterhaus.ch
Museumsleiterin: Daniela Tracht

Sensler Museum
Kirchweg 2
1712 Tafers
+41 26 494 25 31
www.senslermuseum.ch
Museumsleiterin: Franziska Werlen

Skulpturenmuseum Erwin Rehmann
Schimelrych 12
5080 Laufenburg
+41 62 874 42 70
www.rehmann-museum.ch
Kunstvermittlerin: Regula Laux

Stapferhaus Lenzburg
Schloss
5600 Lenzburg
+41 62 888 48 00
www.stapferhaus.ch
Kulturvermittlerin: Celia Bachmann

Strohmuseum Wohlen
Bünzstrasse 5
5610 Wohlen
+41 56 622 60 26
www.strohmuseum.ch
Kulturvermittlerinnen:
Andrea Zielinski und Andrea Huser

Sukkulenten-Sammlung Zürich
Mythenquai 88
8002 Zürich
+41 44 412 12 80
www.stadt-zuerich.ch/sukkulenten
Museumsleiterin: Gabriela Wyss
Vermittlerin: Franziska Petz
Botaniker: Urs Eggli

Vindonissa-Museum
Museumsstrasse 1
5200 Brugg
+41 56 441 21 84
www.vindonissa.ch
Museumsleiter: René Hänggi
Vermittlerin: Chantal Odiet

Vögele Kultur Zentrum
Stiftung Charles und Agnes Vögele
Gwattstrasse 14
8808 Pfäffikon SZ
+41 55 416 11 11
www.voegelekultur.ch
Leitung Administration: Gaby Bachmann
Kulturvermittlerin: Carmen Schurter

Fotonachweis

Anita Affentranger
Titelbild (Vögele Kultur Zentrum, Pfäffikon SZ); Seite 4 (Kindermuseum Creaviva, Zentrum Paul Klee, Bern); 50/51 (Museum Haus Konstruktiv, Zürich); 52 (*focus*Terra – ETH Zürich); 56/57 (Vögele Kultur Zentrum, Pfäffikon SZ); 76, 77, 84, 85, 102, 103, 104, 105, 110, 111, 128, 129, 132, 133 (31 Geschichten aus 31 Museen); 152/153 (Sukkulenten-Sammlung Zürich); 174 (Migros Museum für Gegenwartskunst in Zürich)

Ladina Bischof
Seite 34 (Kunsthalle Ziegelhütte Appenzell); 148/149, 150 (Fotostiftung Schweiz, Winterthur); 78, 79, 90, 91, 98, 99 (31 Geschichten aus 31 Museen)

Thomas Kern
Seite 13 (Museum im Kornhaus, Rorschach); 32/33 (Museum für Kommunikation, Bern); 36/37 (Museum im Kornhaus, Rorschach); 72 ,73, 94, 95, 100, 101, 106, 107, 112, 113 (31 Geschichten aus 31 Museen); 169 (Kunstmuseum Bern)

Nina Mann
Seite 88, 89, 92, 93, 108, 109, 116, 117 (31 Geschichten aus 31 Museen); 170/171 (Kunsthaus Zürich)

Kathrin Schulthess
Seite 14/15 (Kunstmuseum Olten); 31 (Museum Rietberg Zürich); 54/55 (Museum Rietberg Zürich); 74, 75, 80, 81, 82, 83, 86, 87, 96, 97, 114, 115, 120, 121, 122, 123, 124, 125, 126, 127, 130, 131 (31 Geschichten aus 31 Museen); 154/155 (Kunstmuseum Olten); 172/173 (Kirchner Museum Davos)

Reto Spinazzè
Seite 118, 119 (31 Geschichten aus 31 Museen)

Dank

Unser Dank geht an alle Museen und an die Kunst- und KulturvermittlerInnen, welche sich mit viel Engagement, Kreativität und beruflicher Kompetenz am Projekt «GiM – Generationen im Museum» beteiligt haben. Ganz speziell bedanken wir uns auch bei allen Teilnehmenden der mehr als dreissig «GiM live-Veranstaltungen»: Sie haben Geschichten erfunden, die zum Teil in diesem Buch vorkommen bzw. auf dem Blog www.gim-geschichten.ch zu finden sind.

Ein besonderer Dank geht an die Avina Stiftung, an die Paul Schiller Stiftung und an die Schweizerische Gemeinnützige Gesellschaft. Sie haben dieses Buch mit ihren Beiträgen massgeblich unterstützt.

AVINA STIFTUNG

Paul Schiller Stiftung

Schweizerische Gemeinnützige Gesellschaft
Société suisse d'utilité publique
Società svizzera di utilità pubblica

Impressum

Herausgeberin und Projektleitung der Publikation:
Franziska Dürr Reinhard im Autrrag des
Migros-Kulturprozent
Projektleiterin «GiM – Generationen im Museum»:
Jessica Schnelle, Zürich
Konzept Gestaltung und Layout:
Angela Reinhard, nordföhn. visuelle Gestaltung, Zürich
Redaktion:
Christine Loriol, Zürich

AutorInnen:
Dr. Matthias Dreyer, Franziska Dürr Reinhard,
Hedy Graber, Maja Graf, Dr. Andreas Grünewald Steiger,
Sybille Kastner, Mag. Eva Kolm, Anne Marr,
Heike Munder, Alena Nawrotzki, Lukas Niederberger,
Dr. Prof. Pasqualina Perrig-Chiello,
Dr. Jessica Schnelle, David Vuillaume M.A.

FotografInnen:
Anita Affentranger, Zürich; Ladina Bischof, St. Gallen;
Thomas Kern, Aarau; Nina Mann, Zürich;
Kathrin Schulthess, Basel; Reto Spinazzè, Rüti

Bildverarbeitung: Humm dtp, Mazingen
Korrektorat: Dominik Süess, Zürich
Beratung: Kurt Reinhard, Zürich
Herstellung: Kösel GmbH & Co. KG
Auflage: 2000

Verlag: Hier und Jetzt, Verlag für Kultur und
Geschichte GmbH, Baden. www.hierundjetzt.ch

ISBN 978-3-03919-343-1

Partner:
Kuverum Lehrgang für Kulturvermittlung
Mediamus (Verband der Fachleute für Bildung und
Vermittlung im Museum)
Verband Kultur-Vermittlung Schweiz
VMS (Verband der Museen der Schweiz)

Weitere Informationen auf www.gim-geschichten.ch
und www.generationen-im-museum.ch

Das Migros-Kulturprozent ist ein freiwilliges, in
den Statuten verankertes Engagement der
Migros für Kultur, Gesellschaft, Bildung, Freizeit
und Wirtschaft. www.migros-kulturprozent.ch

MIGROS
kulturprozent